금가루 수업

금가루 수업

역동적인 부의 법칙

THE DYNAMIC LAWS
OF
PROSPERITY

캐서린 폰더 지음 | 이윤정 옮김

늘

차례

1부

부를 끌어당기는
기본 법칙

BASIC PROSPERITY LAWS
THAT CAN BRING RICHES TO YOU

들어가며

금가루가 공중에
떠다니고 있다!

이 책은 몇 차례의 경기 침체를 겪고 수년간 허리띠를 졸라매는 생활을 한 끝에 탄생한 결과물이다. 불황이나 긴축을 좋아하는 사람은 없다. 사실, 불황은 그 누구도 좋아해서는 안 된다.

긴 세월 동안 나는 이런 책을 찾으려 노력했다. 성공에 대한 다양한 아이디어를 제공하는 책은 많이 봤지만, 성공을 보장하는 간결하고 단순한 법칙이 담긴 책은 찾지 못했다.

나는 남편을 여의고 어린 아들을 홀로 양육하면서 이런 책을 찾기 시작했다. 당시의 나는 직업 훈련을 받지 못했고 돈을 벌 수단도 없었기 때문에 부자가 되는 방법을 배울 수만 있다면 뭐든지 했을 것이다.

나는 우울증과 건강 악화, 외로움, 재정적 어려움, 무참한 실패를 경험했다. 온 세상이 적으로 둘러싸인 것 같았고, 손대는 일마다 망하는 것 같았다. 하지만 먹여 살려야 할 아들이 있었기에 실패에 안주할 수 없었다. 아들을 위해서, 나 자신을 위해서 성공해야만 했다.

정서적, 육체적, 재정적으로 바닥을 쳤을 때, 마침내 성공과 실패의 도구인 생각의 힘에 대해 알게 되었다. 나는 실패가 실패한 사고의 결과라는 사실을 깨달았다. 마음을 올바르게 사용하는 것이 건강하고 행복하고 부유하며 성공적인 삶으로 가는 열쇠임을 알게 되었다.

이 놀라운 성공의 비밀을 깨닫자 운명의 흐름이 바뀌기 시작했다!

부를 끌어당기는
생각의 탄생

긍정적인 사고가 화제다. 경기 침체와 불황 속에서 '부를 끌어당기는 생각'이라는 용어도 탄생했다. '부富'라는 단어에는 '번영', '성공', '번창', '좋은 결과를 경험한다'는 뜻이 담겨 있다.

부를 끌어당기는 생각은 많은 것을 의미한다. 기본적

으로는 건강, 재정적 성공, 행복한 삶, 양질의 교육과 여행의 기회, 영적인 삶 등의 꿈을 실현할 수 있는 힘을 부여해준다.

이 책은 각계각층의 사람들이 부를 끌어당기는 생각으로 어떻게 이러한 결과를 달성했는지 분명하게 보여주고, 작동 원리도 보여준다! 이 책을 한 장 한 장 읽다 보면 자연스럽게 부를 끌어당기는 생각의 힘을 키우고 성공적인 결과를 거둘 수 있을 것이다.

몇 년 전, 한 영업사원은 자기도 모르게 부를 끌어당기는 생각의 힘을 사용했다. 사람들이 "사업은 어때요?"라고 물으면 그는 항상 이렇게 대답했다. "아주 잘되고 있어요. 금가루가 공중에 떠다니고 있거든요." 누구를 만나든 판매로 이어졌기 때문에 확실히 그런 것 같았다. 사람들은 그의 이름이 나올 때마다 "맞아, 그 사람이 만지면 무엇이든 금으로 변해"라고 말했다.

부의 법칙,
'금가루 수업'의 탄생

내가 목사가 된 첫해에, 전쟁 이래 가장 심각한 경기 침체가 미국을 강타했다. 교인들은 어려운 시기를 극복하는 방법에 대해 강의해 달라고 요청하기 시작했다. 부의 법칙을 구체화하기 시작한 시기가 바로 그때였다. 부의 법칙은 놀라울 정도로 빠르게 효과를 드러냈다. 누구에게나 효과가 있었다!

'역동적dynamic'이라는 단어와 '다이너마이트dynamite'라는 단어는 어근이 같다. 역동적인 것은 강력하고, 효과적이고, 에너지가 넘치며, 변화를 낳는다. 역동적인 것은 당신을 기존의 틀에서 벗어나게 하는 경향이 있다!

'법칙'은 효과적인 원칙을 말한다. 저명한 법학자 윌리엄 블랙스톤은 '법'이 합의된 행동 규칙이라고 말했다. 일반적으로 '법'이라는 단어는 질서에 대한 열망을 암시한다. 한계를 느끼는 사람들은 사고, 감정, 신체, 재정 문제 등 삶의 모든 면에서 질서를 필요로 한다.

자연법칙의 초기 연구자였던 천재 과학자 아이작 뉴턴은 물리적 세계에 하나의 자연법칙이 존재한다고 말했다. 우리는 여기서 한발 더 나아가 보자. 물리적 삶의 영역에서 일반적으로 사용되는 법칙보다 높은 차원의 영적 법칙도 존재한다. 예수는 이 법칙들을 알고 지속적으로 실천했다. 영적 법칙은 매우 강력해서 자연법칙을 증가시키거나 무력화하고 뒤바꾸기도 한다! 영적 법칙을 사용하면 물리적 차원에서는 기적처럼 보이는 결과가 나온다.

부의 법칙으로
부자가 된 사람들

지원 업무를 하는 두 직장인은 내 첫 강의를 듣고 나서 일주일 만에 급여를 올려 받았고, 한 사람은 승진을 하면서 새 직함까지 얻었다. 한 증권 중개인은 동료들 대부분이 한가한 상태일 때 기대보다 많은 일을 의뢰받았다고 한다. 몇 년간 보이지 않았던 고객이 갑자기 나타나 거액의 투자금을 건네기도 했다! 의도적으로 부를 끌어당기는 생각을 하기 시작한 지 한 달 만에 그의 수입은 네 배로 불어났다.

운영 중단 상태의 기업 고객을 여럿 보유했던 한 변호사는 갑자기 불황이 끝났다고 했다. 그의 수입은 큰 폭으로 증가했고, 나중에 부를 끌어당기는 생각의 패턴을 확립하고 나서 보니 지극히 당연한 일이었다.

경기 침체로 타격을 입은 한 철강 제조업체의 대리점은 예상치 못한 규모의 주문을 받았다. 한 여성은 직원이 100명이 넘는 할인점에서 판매원으로 일하고 있었다. 그녀의 동료들은 모두 힘든 시간을 보내고 있었다. 의도적으로 긍정적인 생각을 하기 시작한 여성은 월말에 할당량을 초과 판매한 유일한 직원으로 성과급을 받았다. 다른 직원들은 힘든 시기라고 생각해버렸기 때문에 그에 맞는 결과를 얻은 것이다.

전기 관련 사업체를 운영하는 한 사업가는 회사에 막대한 금액의 미수금이 있었다. 그가 채무자들이 부유하다고 생각하기 시작하자 미수금은 조용히 해결되었다.

받지 못한 돈이 있었던 한 보석상은 독촉 편지를 쓰는 등 온갖 수단을 동원했지만, 아무런 효과를 보지 못했다. 채무자들과 자기 자신을 두고 부를 끌어당기는 생각을 했더니 놀랍게도 금방 돈이 들어왔다. 빚에서 자유로워지기를 갈망했던 한 가족은 갑자기 큰돈을 상속받게 되었다.

한 공무원은 몇 년 동안 의회에서 계류 중이던 임금 인상안이 통과되었다. 한 통신사 직원도 몇 달 전에 약속받았던 임금 인상을 받았다. 한 건축 엔지니어는 작은 규모의 건설 현장에서 근무하다가 열 배로 큰 현장으로 발령받았다. 경비가 전액 지원되는 해외여행을 하게 된 부부도 있었다!

이는 부를 끌어당기는 생각의 힘을 보여주는 숱한 사례의 일부에 불과하다.

부가 가져온
새로운 표정과 건강

새롭게 나타난 것은 금전적인 수익만이 아니었다. 매주 부를 끌어당기는 생각에 관한 강의를 하면서 참가자들의 얼굴에서 이전에는 볼 수 없었던 활기, 행복, 평화 등의 '새로운 표정'이 보이기 시작했다. 패배의 표정은 권위, 승리의 표정으로 바뀌었다. 정말 멋진 변화였다!

몸과 마음이 건강해진 사람들도 있었다. 심각한 심장질환을 앓고 있는 한 사업가는 평생 동안 조심해야 한다는 말을 들었다. 삶의 모든 부문에 부를 끌어당기는 생각의 힘을 적용하기 시작하자 그의 몸과 마음이 점점 더 편안해졌다. 의식적으로 또는 무의식적으로 느꼈던 긴장도 점차 완화되었다. 얼마 후, 그는 의사로부터 심장질환이 사라졌다는 말을 들었다. 몇 년이 지난 지금은 그 어느 때보다 건강하고 행복하게 지내고 있다.

신경계통의 질환을 앓고 있던 사람들 중 많은 이가 건강과 마음의 평화를 되찾았다. 그중 한 주부는 수년 동안 여러 의사를 찾아다녔지만 의학적으로는 별다른 이상을 발견하지 못했던 터였다. 그녀가 의도적으로 부를 끌어당기는 생각을 하기 시작하자 남편을 포함한 다른 사람들이 더 사랑스럽게 보이기 시작했다! 그녀가 감사하는 태도를 가지자 그녀의 남편은 아내에게서 오랫동안 받지 못했던 인정을 받는 기분을 느꼈다. 덕분에 남편은 자신감을 얻었고 업무에서도 성과를 냈다. 남편이 직장에서 이루어낸 성공은 그들의 결혼 생활에서 오랫동안 결핍되어 있었던 행복과 만족감을 가져다주었다. 삶의 모든 부문에 행복이 찾아오면서 통증과 고통은 사라졌고, 건강이 크게 개선된 그녀는 나이보다 훨씬 젊어 보였다.

겉모습이
완전히 바뀐다

자살을 자주 떠올리던 외롭고 불행했던 한 사업가는 부의 법칙에 강한 흥미를 느끼고는 다른 관심사를 찾게 되었다. 그 결과 행복하고 균형 잡힌 삶을 살게 되었고 자살에 대한 생각은 사라졌다.

과도한 음주로 어려움을 겪던 주부와 사업가는 부를 끌어당기는 생각을 하면서 새로운 희망을 찾았다. 그들은 음주 문제가 극복할 수 있는 문제라는 사실을 깨닫기 시작했다. 그들은 승리를 기대하면서 내면의 적대감과 갈등을 해소했다. 술을 마시는 횟수도 점차 줄어들었다.

둘 중 한 명이라도 부의 법칙을 실천한 많은 부부가 결혼을 지켜냈다. 이혼했다가 배우자가 돌아와서 재결합한 사람도 있었다. 외로운 미혼이었던 여러 사람이 행복한 결혼을 했고, 사별 후 20년 동안 독신으로 지내다가 재혼한 사람도 있었다.

자신의 일을 늘 싫어했던 어느 회사원은 이러한 아이디어들을 활용하기 시작하면서 일에 대해 완전히 새로운 관점을 갖게 되었고, 시간이 지나면서 더 이상 일을 싫어하지 않게 되었다.

부의 법칙을 가르치는 강의가 성공하면서 강의를 들은 사람들 중 일부가 도움을 주었다. 한 사업가는 이 책의 출판을 도와주었고, 증권 중개인은 책의 제목을 지어주었고, 홍보 컨설턴트는 출판사를 찾아주었다.

영업사원이

옳았다

그 영업사원이 옳았다! 공기 중에는 당신과 나, 우리 모두를 위한 금가루가 떠다니고 있다! 우주는 인간이 무제한으로 접근할 수 있는 에테르로 구성되어 있다고 선언한 과학자들은 이 사실을 안다. 심리학자와 형이상학자 들도 금가루에 대해 잘 안다. 그들은 인간이 생각, 감정, 말, 행동을 통해 내면과 주변 세계의 풍부하고 무한한 물질들로 자신의 세계를 형성한다고 주장한다.

그러니 공기 중에, 그리고 모든 곳에 금가루가 있다는 사실을 새기고 자신 있게 나아가자. 지금 당신의 삶이 어떠하든, 다음과 같은 마음가짐을 가지고 이 책을 읽어라. "공기 중에는 나를 위한 금가루가 떠다니고 있다. 나는 의도적으로 분명하게 부를 끌어당기는 생각을 함으로써 이 금가루들을 흡수하기 시작한다. 나는 이미 금가루가 가져온 결과들을 경험하고 있다!"

이제 어서 책장을 넘겨 금가루를 손에 넣은 많은 사람들의 흥미진진한 비밀을 알아보자.

1장

부에 관한
충격적인 진실

부에 관한 충격적인 진실은 부자가 되는 것이 잘못된 일이 아니라 옳은 일이라는 사실이다!

러셀 H. 콘웰은 자신의 유명 저서 『다이아몬드 밭*Acres of Diamonds*』에서 이렇게 강조했다.

> 여러분은 부자가 되어야만 합니다. 여러분에게는 가난할 권리가 없습니다. 부자가 아닌 채로 사는 것은 불행한 일이며, 가난한 만큼 부자가 될 가능성도 있었기에 두 배로 불행한 일입니다… 할 수만 있다면 정직한 방법으로 부자가 되어야 하며, 이것만이 우리의 목표인 부를 향해 빠르게 나아가는 유일한 방법입니다.

'부자'라는 단어는 풍족하거나 만족스러운 삶을 사는 것을 의미한다. 실제로 누구나 각자의 세상에서 경험하는 평화, 건강, 행복, 풍요의 수준에 맞는 부를 누린다. 그 목표를 향해 빠르게 나아갈 수 있는 정직한 방법들이 존재한다. 부자가 되는 것은 생각보다 쉽다. 이 또한 부에 관한 충격적인 진실이다.

수십 년 전 한 사업가는 미래에는 종교 지도자들이 신도들이 처한 경제적·개인적 문제 해결에 많은 관심을 기울이고, 지나간 과거나 오지 않은 미래에는 관심을 덜 가지게 될 것이라고 예측했다. 나는 그 사업가의 말에 동의하며, 당신의 경제적·개인적 문제 해결을 돕고 싶다. 그러면 당신의 지나간 과거와 아직 오지 않은 미래도 자연히 해결될 것이다.

부를
갈망해야 한다

살면서 내가 받은 가장 큰 충격 중 하나는 부에 관한 강의를 시작했을 때 받은 것이다. 강의에 참석한 사람들 중 다수가 부가 갈망의 대상인지를 두고 여전히 갈등하고 있었다.

부자가 되기를 원하는 것은 당연한 것이다. 평범한 사

람은 누구나 그러하다. 그러나 사람들은 부를 추구하는 것이 영적인 관점에서 옳은 일인지 남몰래 고민했다. 강연에 참석한 대부분의 사업가들은 부자가 되기 위해 매일 열심히 일하면서도 부를 향한 욕망을 품은 것에 죄책감을 느꼈다. 그들은 영적인 관점에서 가난이 미덕인지, 악덕인지를 두고 의문을 품고 있었다. 이렇게 서로 충돌하는 생각들이 성공에 대한 그들의 노력을 무력화시키는 상반된 결과를 가져왔기 때문에 아무리 열심히 일해도 소용이 없었다.

긴 세월 사람들을 평범한 수준에 묶어둔 이 신념을 바꾸기 위해서는 대담하고 충격적인 아이디어가 필요했다. 그래서 나는 여러 차례에 걸쳐 세계와 인간, 그리고 부가 어떻게 신성한 관계로 엮여 있는지를 설명했다.

처음 강의를 들을 때 사람들은 충격을 받았지만, 곧 큰 안도감과 행복감을 느꼈고, 결국 부를 향한 갈망을 품은 것에 더 이상 죄책감을 느끼지 않았다. 그들은 그때부터 빠르게 부를 체험하기 시작했다.

내 강의 내용은 여전히 유효하다. 사람들은 영적인 관점에서 부가 축복인지 상당히 혼란스러워한다. 확실히 그렇다고 말해주니 얼마나 안도하던지!

가난은
죄다

다시 말씀드리겠다. 충격적이겠지만, 부자가 되는 것은 잘 못된 일이 아니라 옳은 일이다. 가난하면 큰 행복을 누릴 수 없다. 가난하게 살 필요도 없다. 가난은 죄다. 가난은 무한한 세계를 보지 못한 인간들이 만들어내는 지옥의 한 형태다. 가난은 더럽고 불편하며 모멸적인 경험이다. 가난은 질병이며, 심각한 수준에 이르면 일종의 광기처럼 보이기도 한다.

가난은 감옥을 도둑과 살인자로 채운다. 인간을 음주, 매춘, 약물 중독, 자살로 몰아넣는다. 잠재적으로 훌륭하고 재능 있고 똑똑한 아이들을 비행과 범죄의 길로 이끈다. 꿈에서도 하지 않았을 일을 하게 만든다. 오늘날 세계에서 가장 무서운 사상 중 하나인 파시즘의 직접적인 결과는 대개 가난이다. 대부분의 공산주의 국가들은 재정적 안정을 기대하며 극단적 전체주의를 선택했다. 가난이 낳는 죄악은 한계를 모른다. 그래서 나는 가난이라는 죄를 근절하기 위해 사람들을 도울 수 있는 모든 일을 해야겠다고 확신했다.

내가 아는 한 의사는 재정 문제가 걱정이나 압박감, 긴장의 원인이며, 이 문제가 해결되면 환자는 거의 없을 것이라고 했다. 장기간에 걸친 재정적 부담으로 인해 심신이 손상된 사람들이 정신병동에 가득하다고 한다. 인류의 질병 중 10분의 9는 가난으로 인한 압박감, 고통, 불행으로 인해 발생한다고 한다.

이제 가난을 미덕으로 여기는 일은 관두자. 그것은 사람들이 흔히 저지르는 죄다. 만약 당신이 재정적 결핍과 제약 속에서 살아왔다면 당신은 가난 속에서 살아온 것이다. 하지만 계속 가난한 채로 살 필요는 없다. 탈출구는 있다.

부는 신성한
유산이다

돈이 없으면 자기 자신에게도, 타인에게도 좋은 사람이 될 수 없다. 부자가 되기를 욕망하지 않는 사람은 비정상적인 사람이다. 돈이 없으면 비정상적으로 살아야 하기 때문이다. 좋은 음식, 편안한 옷, 따뜻한 거처, 과도한 노동으로부터의 자유 없이는 육체적으로 온전한 삶을 살 수 없다.

창의적인 활동, 책과 독서를 향유하는 시간, 음악, 미술 등의 문화적 관심사를 향유하는 시간, 여행할 기회와 돈, 비슷한 관심사를 공유하는 사람들과 지적 교류를 나눌 기회와 돈이 없다면 정신적으로 온전한 삶을 살 수 없다.

영적으로 온전한 삶을 살기 위해서는 명상, 기도, 마음 공부, 영혼이 통하는 사람들과의 만족스러운 교제를 위한 묵상의 시간이 필요하다. 따라서 육체적·정신적 안녕과 발전을 위해서는 부자가 되는 것이 가장 중요하다.

결핍을 참는 것에 대해 변명하거나 결핍을 영구적인 것으로 받아들이지 말라. 이와 정반대로 선한 일을 하기 위해 부자가 되고 싶다고 말하지도 말라. 그것은 부차적인 이유이다. 당신이 부자가 되는 주된 이유는 부자가 되는 것이 옳은 일이어서다.

성공은 부를 끌어당기는
태도를 좋아한다

부에 관한 또 다른 충격적인 진실은 생각이 지금의 당신을 만들었으며, 앞으로의 당신을 만들 것이라는 사실이다. 부를 끌어당기는 생각을 성공의 조력자로 삼기로 결정하면 사람, 장소, 조건, 사건이 번영과 성공을 가로막지 못한다는 사실을 더 깊이 이해하게 된다. 이전에 당신에게 불리하게 작용했던 사물, 사람, 사건들이 당신을 위해 일하기 시작하거나 당신의 삶에서 점차 사라지고 새로운 사람과 사건이 나타나 당신의 성공을 돕는다. 이것이 바로 부를 끌어당기는 생각의 힘이다.

부에 관한 이 충격적인 진실을 자주 상기하라. 부자가 되는 것은 잘못된 것이 아니라 옳은 일이며, 풍요로운 우주는 당신을 위해 창조되었고, 당신이 그것을 누리길 원한다. 의도적으로 부를 끌어당기는 생각을 하면 그것이 풍요로운 아이디어, 풍요로운 행동, 풍요로운 결과로 이어져 빠르게 부를 얻을 수 있다.

이제 당신의 삶을 변화시킬 영적 법칙, 즉 역동적인 부의 법칙 속으로 행복과 기대에 찬 발걸음을 내디뎌라. 당신은 이제 한계와 결핍, 실패로부터 자유로워질 수 있다. 이 책에 제시된 간단하면서도 강력한 아이디어를 수용하고 활용하면 만족스러운 결과를 얻는 즐거운 경험을 하게 될 것이다. 이것이 바로 부를 끌어당기는 생각의 힘이며, 놀랍도록 멋진 진실이다.

2장

부의
기본 법칙

나는 부의 법칙을 어렵게 배웠다. 오랜 시간에 걸쳐 이 지식을 얻었기에 당신에게 이야기할 자격이 있다.

수십 년 전, 나는 절망적인 삶을 살았다. 홀로 어린 아들을 키우고 있었고, 전문 기술이 없어서 소득도 없었다. 가족들도 재정적인 도움을 줄 수 없었다. 당신이 그때 나를 봤다면, "부를 끌어당기는 생각이고 뭐고 절망적인 상황"이라고 말했을 것이다.

나는 이 비참한 시기에 성공과 실패의 도구인 생각의 힘을 알게 되었다. 이전의 실패가 실패를 끌어당긴 생각의 결과이며, 생각의 힘을 바르게 사용하면 건강하고 행복하고 성공적인 삶으로 향하는 열쇠가 될 수 있다는 사실을 깨닫게 되었다.

철학자 제임스 알렌은 저서 『위대한 생각의 힘』에서 다음과 같이 말했다.

인간은 어떤 상황이든 생각을 통해 헤쳐 나갈 수 있으며, 자신의 내면에 원하는 대로 자신을 만들 수 있는 변화와 재생의 능력을 가지고 있다.

그때 나는 부와 건강, 행복이 실은 내 안에 있으며 건강하고 부유하며 행복한 생각, 감정, 기대, 결정으로 세상 밖으로 나오기를 기다리고 있고, 결과적으로 성공을 끌어당길 것이라고 추측했다.

이 간단하면서 강력한 성공 비결을 알아내고 적용하기 시작하자 조류가 바뀌면서 배가 들어오기 시작했다!

곧 경영대학원에 입학할 수 있는 길이 열렸다. 이후 나는 어느 젊은 변호사의 비서가 되었는데, 그 변호사는 우리 시의 시장이 된 다음 국회의원 후보가 되었고 나중에는 자신의 로펌을 확장하여 여러 변호사와 비서를 두고 부유한 고객들에게 법률 서비스를 제공했다.

이 변호사와 함께 일하면서 나는 건강하고 행복하며 부유한 삶의 문을 여는 영적 열쇠를 사람들이 찾고 사용하는 것을 돕는 일을 해야겠다는 생각을 하게 되었다.

돌이켜보니 나는 의식적으로든 무의식적으로든 삶의

모든 단계에서 부의 기본 법칙인 발산과 끌어당김의 법칙을 실천했다.

직접 누렸기에 이 법칙을 신뢰하며, 당신이 나보다 더 큰 효과를 볼 수 있으리라고 믿는다! 내 강의에 참석했던 많은 사람들이 이 법칙을 실천하고 놀라운 성공을 거두었다.

가장 중요한
법칙

부를 지배하는 법칙은 수학, 음악, 물리학, 과학을 지배하는 법칙들과 마찬가지로 확실하고 실행 가능하다.

성경은 심고 거두는 것, 즉 주고받는 것에 대해 이야기하며 부의 기본 법칙을 설명한다.

과학자들은 이를 작용과 반작용으로 설명한다. 일각에서는 이를 수요와 공급의 법칙이라고 부르기도 한다.

랠프 월도 에머슨은 이를 같은 것끼리 서로 끌어당기는 보상의 법칙이라고 설명했다. 그는 보상의 법칙이 가장 중요한 법칙이라고 선언했다.

공짜로 얻을 수
있는 건 없다

나는 보상의 법칙을 삶의 기본 법칙으로 삼아야 한다는 에머슨의 말에 동의한다. 나는 이 부의 기본 법칙을 발산과 끌어당김으로 생각한다. 당신의 생각, 감정, 심상, 말 등 당신이 외부로 발산하는 것이 당신의 삶과 일에서 당신에게로 끌려온다는 뜻이다. 하지만 마냥 공짜로 얻을 수는 없다.

풍요로운 우주에 여전히 빈곤이 존재하는 이유는 아직도 많은 사람들이 이 기본적인 삶의 법칙을 이해하지 못하기 때문이다. 그들은 끌어당기려면 발산해야 하며, 발산한 것은 끊임없이 끌어당긴다는 사실을 아직 깨닫지 못하고 있다. 오늘날 대부분의 사람들이 거두려면 뿌려야 한다는 사실을 모른다. 나누거나 심지 않으면 우주의 풍부하고 무한한 물질을 공급받을 수 있는 통로가 형성되지 않는다.

최근 빈곤 지역에 사는 사람들과 만나고 나서 이러한 진실에 관심을 갖게 되었다. 이곳 지역의 사람들은 '무상 지원'만을 바랐다. 먼저 나눔을 실천하거나 씨를 뿌리는 부의 기본 법칙을 실천하는 데는 관심이 없었다. 그들은 공짜로 무언가를 얻으려고 했지만, 이는 불가능한 일이다. 그래서 계속 가난 속에 살게 되는 것이다.

줄 수 있는 건
늘 있다

도대체 가난한 사람이 줄 수 있는 게 뭐냐고 생각할 수도 있다. 그러나 유형적이든 무형적이든 줄 수 있는 것은 늘 있다. 혼자서 여러 아이들을 키우는 한 여성이 상담사에게 전화를 했다. 남편과 사별한 그녀는 아이들을 키우는 데 필요한 돈이나 음식이 없었다. 점심때였는데, 아이들은 전날부터 아무것도 먹지 못한 상태였다. 절망적인 상황이었다. 전화를 받은 상담사는 미망인에게 깊은 연민을 느끼고 어떤 식으로든 베푼 것은 적절한 형태의 물질로 흘러들어오는 마법의 힘이 있다고 말해주었다. 상담사가 받기 위해서는 베풀어야 한다고 설명했을 때, 여성이 보인 첫 반응은 당신이 그 말을 들었을 때와 똑같았다. "줄 것이 없어요." 그녀가 한탄했다. 그러자 상담사가 부드럽게 말했다. "당연히 있어요. 줄 수 있는 건 늘 있습니다. 사실 우리는 생각보다 베풀 만한 것을 많이 가지고 있어요." 또한 나눔을 실천해 물질의 흐름이 시작되면 식료품을 살 돈이 생기리라는 확신을 가지고 식탁을 정리하고, 구입할 식재료의 목록을 작성하라고 했다.

여성은 불현듯 마당에서 자라고 있던 꽃이 떠올라 기쁜 마음으로 꽃을 꺾어 병든 이웃에게 가져다주었고, 꽃을 받은 이웃은 매우 기뻐했다. 그러고는 집 안에서 가장 좋은 도자기, 은, 리넨으로 식탁을 꾸몄다. 아이들은 즐거움과 흥분을 감추지 못하며 맛있는 식사를 기대했다. 그녀가 식료품 목록을 작성하고 있는데, 오래전 그녀에게 빚을 진 사람이 들러서 30달러를 갚았다! 돌려받기를 포기했던 돈이었다.

인생의 비밀에 대해 단 하나만 전해야 한다면, 나는 이 메시지를 전할 것이다. 공짜로 무언가를 얻을 수는 없지만, 선을 얻기 위해 온전히 베풀면 무엇이든 최선의 것을 얻을 수 있다.

부에 대한 글을 쓰면서 아직도 이 법칙을 이해하지 못한 많은 사람들로부터 편지를 받았다. 한 여성은 빚을 갚아야 한다며 3만 달러를 보내 달라고 부탁했다. 그녀는 세 번째 편지를 쓰고 나서야 부의 기본 법칙을 실천해 스스로 공급의 흐름을 만들어야 한다는 것을 깨닫게 되었다.

발산하면
끌어온다

"위대한 사람들은 위대한 사건을 끌어당기는 비밀스러운 힘을 발산한다"라고 말한 에머슨은 주고받기의 법칙 또는 발산과 끌어당김의 법칙을 설명하려 했을지도 모른다. 그렇다면 '위대한 사람들'은 누구를 가리키는 말일까?

실패, 고난, 한계가 아닌 성공과 부에 관한 위대한 생각과 기대를 품고 발산하는 사람들이다. 실패나 문제, 한계에는 위대하거나 특별하거나 칭찬할 만한 것이 없다. 이러한 것들은 저항이 가장 적은 길을 따라가면서 실패에 대한 생각을 품고 있으면 누구나 경험할 수 있다.

우리는 사람들이 이런 불평을 하는 것을 자주 듣는다. "하필 나한테만 이런 일이 생기네. 아무리 해도 안돼. 이 세상은 험난한 곳이야. 좋은 건 전부 다른 사람들이 차지하는군." 이런 말로 시작되는 대화는 대개 그날의 불쾌한 경험, 직장, 동료, 가족, 정부, 세계 지도자들에 대한 불평, 전쟁, 범죄, 질병 등 온갖 힘든 이야기로 이어진다.

인식하든 인식하지 못하든 우리는 끊임없이 발산과 끌어당김의 법칙을 사용한다. 그러나 살면서 보다 많은 부와 성공을 누리려면 의식적으로, 의도적으로, 대담하게 자신의 생각과 감정을 부와 성공이 있는 방향으로 전환해야 한다.

순간의 불쾌한 감정이나 실패에 얽매이기보다 과감하게 인생에서 진정으로 경험하고 싶은 것을 선택하고 그 생각을 통해 밖으로 발산하는 일은 당신의 몫이다. 생각을 바꾸면 조건도 그만큼 빠르게 바뀐다.

　　　　　　　　　　　부를 끌어당기는 기본 법칙

홍보 업계에 종사하는 내 친구는 최근 발산과 끌어당김의 법칙을 실천해 성공적인 결과를 얻었다. 그는 오랫동안 타 지역의 고객을 유치하기 위해 온갖 노력을 기울였다. 마침내 그는 고객을 얻고 싶은 욕망을 의도적으로 강력하게, 그리고 대담하게 발산하기로 결심했고, 때가 되면 더 큰 고객을 확보할 수 있을 거라고 확신했다.

그는 조용히 앉아서 자신이 이미 그 고객을 확보했다고 생각했다. 마음속으로 고객의 상황을 검토하고 그 고객의 홍보 담당자로서 어떻게 최선의 이익을 제공할지 고민했다. 그 고객과 관련된 사람들에 대해 오랫동안, 그리고 아주 상세히 생각했다. 그는 한동안 계속해서 이렇게 선언했다. '나는 낙담하지 않는다. 나는 끈기 있는 사람이다. 나는 전진하는 사람이다. 나는 성공할 운명을 타고났다.' 평안이 찾아오자 그는 그 문제를 마음속에서 떨쳐버렸다.

몇 주 후 그는 여러 고객이 참여하는 컨벤션에 참석했다. 고객들과 함께 머물던 모텔의 수영장에서 수영을 하던 그는 몇 달 동안 만나려고 노력했던 고객사의 담당자를 만났다. 바로 그 수영장에서 협상이 이루어졌다! 친구는 기쁜 마음으로 자신의 경험을 내게 이야기하면서 "발산과 끌어당김의 법칙이 행복한 결과를 가져온 게 분명하다"고 했다.

실패에서 성공을 이뤄낸 수백 명의 사람들과 이야기

를 나누면서 나는 외부로 드러나는 큰 그림이 아닌 내면 깊은 곳에서 시작되는 생각이 무의식적으로 같은 것을 끌어당긴다는 사실을 알게 됐다. "우리는 우리 자신에 의해 지금의 자리에 오게 된 것이고, 우리의 습관적인 생각에 의해 지금의 우리가 된 것이다"라는 오래된 격언이 있다.

많은 사람들이 큰 선을 끌어당기는 생각을 먼저 발산하지 않고 피상적인 방법으로 열심히 노력하기만 한다. 그리고 그 노력이 실패로 끝나면 크게 실망한다.

한번은 결혼을 하고 싶다는 한 여성과 이야기를 나누다가 발산과 끌어당김의 법칙을 적용해보라고 권한 적이 있다. 나는 그녀에게 먼저 발산해야 끌어당길 수 있다며 기도하는 마음으로 다음의 생각을 계속해서 발산하라고 했다. "나를 통해 드러나는 신성한 사랑은 지금 내 삶이 행복해지고 온전해지는 데 필요한 모든 것을 내게로 끌어당긴다."

며칠 후 나는 그녀가 남성 지인들에게 노골적인 초대를 열심히 하고 있다는 이야기를 들었다. 그녀는 내가 제안한 방법이 효과가 없다고 했다. 나는 그녀가 한 것은 내가 제안한 '기도'가 아니라 '겁주기'였다고 설명해주었다. 내가 말한 법칙을 반대로 시도했기 때문에 역효과가 난 것이다.

한 중년의 독신 여성도 같은 목적으로 발산과 끌어당

부를 끌어당기는 기본 법칙

김을 시도했다. 그녀는 수영장 물에 떠 있으면서 조용히 확언을 반복했다. "나를 통해 드러나는 신성한 사랑은 지금 내 삶이 행복해지고 온전해지는 데 필요한 모든 것을 내게로 끌어당긴다." 그때 수영장 한쪽에서 그녀에게 인사를 건내는 남자의 목소리가 들렸고, 그녀는 그 남자에게 물이 정말 좋다고 대답했다. 곧 물속으로 들어간 남자는 얼마 후 그녀의 남편이 되었다.

마음의 준비가
우선이다

모든 일이 마음에서 먼저 이루어진다는 것, 즉 마음이 선을 이루는 신성한 힘이라는 사실을 깨닫는 것은 짜릿한 일이다! 모든 일이 정신적으로 먼저 성취되는 이유는 마음이 형성된 세계와 아직 형성되지 않은 세계를 잇는 연결고리이기 때문이다.

이 멋진 세상을 정복하고 원하는 대로 개혁하는 일은 당신에게 달려 있다! 물론 이 모든 힘은 오직 선한 것을 위해 써야 한다. 선하지 않은 의도로 이 힘을 사용하려 하면 어려움에 처하게 된다.

꾸준하게 의도적으로 주의를 집중하는 생각과 감정,

기대가 삶의 경험을 형성한다는 사실을 깨닫게 되면, 큰 해방감을 누릴 수 있다. 삶이 더 수월해지고 단순해지며 엄청난 만족을 누리게 된다. 더 이상 원하는 것을 얻기 위해 다투거나, 구걸하거나, 추론하거나, 애원하거나, 호소할 필요가 없다. 그보다는 조용히 선택하고, 수용하고, 발산하게 된다. 풍요로운 결과가 쏟아지기 전부터 승리의 기분을 만끽하게 된다.

의도적으로
부를 생각하라

원하는 것을 끌어당기려면 의도적으로 발산해야 한다. 그렇지 않으면 제한적인 사고의 흐름에 갇혀 제한된 결과를 생산하게 된다. 의도적으로 발산하는 생각은 끊임없이 무언가를 끌어당긴다.

성공할 자격이 없어 보이는 사람들의 성공에 의심이 들 때도 있을 것이다. 하지만 올바른 생각과 정서라는 확고한 토대가 없는 이들의 건강과 부, 행복은 언젠가 무너져 내린다. 다른 사람들의 삶에서 발산과 끌어당김의 법칙이 작동하고 있는지 궁금해하지 말고 스스로 부를 끌어당기는 생각의 효과를 증명하라.

한 증권 중개인은 동료들과 시장 보고서를 검토하며 경기 부진에 대해 이야기하다가 자신의 사무실에 들어가 조용히 긴장을 풀었다. 그는 이런 생각을 떠올리기 시작했다. "모든 것과 모든 사람이 지금 내게 부를 가져다준다." 그때, 갑자기 여기저기서 전화벨이 울리기 시작했다. 그 짧은 시간 전화로 받은 의뢰가 지난 며칠간 받은 것보다 훨씬 많았다.

사업이 부진한 시계 수리공이 있었다. 그는 이른 아침 버스에 몸을 실으면서 발산과 끌어당김의 법칙을 떠올리며 조용히 선언했다. "모든 것과 모든 사람이 지금 내게 부를 가져다준다." 그 후 며칠간 많은 새 고객이 매장을 찾아와 시계와 보석 수리를 맡겼다. 곧 몇 주간 바쁘게 지내야 할 만큼 많은 수리 요청이 들어왔다.

당신은
자석이다

우리 모두는 자석이다! 그렇기 때문에 성공과 부에 대한 압박을 가질 필요가 없다. 온갖 문제와 실패를 끌어당기는 긴장, 비판, 불안, 우울, 옹졸함, 소유욕에 사로잡힌 마음이 아니라 우주의 좋은 것들은 무엇이든 끌어당기는 기대감과 고상한 마음을 키우면 된다.

형태가 있든 없든, 당신이 선택하고, 생각하고, 발산하는 것과 동등한 것은 무엇이든 가질 수 있으니 당신과 사물이 분리되어 있다고 생각하지 말라.

사람, 사물, 환경, 조건이 당신에게 해가 되거나 피해를 줄 것이라고 생각하지 말라. 그 무엇도 당신이 생각, 감정, 말, 기대 등을 통해 외부로 발산하는 것을 방해할 수 없다는 사실을 명심하라.

생각을 선택하고 발산하라. 감정을 선택하고 발산하라. 지속적이고 끈질기게 선택하고 발산하여 자신과 타인을 위한 선을 끌어당겨라.

한 여성은 의도적으로 부를 끌어당기는 생각을 시작하면서 가족 모두가 놀라운 축복을 받았다고 했다. 남편은 월급이 여러 번 인상되었고, 오빠는 다니던 회사의 사장으로 임명되었고, 두 언니는 두둑한 퇴직금을 받고 은퇴했고, 또 다른 언니는 회사에서 최초의 여성 임원이 되었으며, 또 다른 오빠는 관리직에 올랐다. 약간의 누룩이 가족의 모든 빵을 발효시킨 것이다.

필요한 일들은
쉽게 알게 된다

물론 아무것도 하지 않고 원하는 것을 생각하고 발산하기만 하면 된다는 말이 아니다. 확실한 조치를 취해야 할 때도 있다. 하지만 원하는 것을 마음속으로 먼저 정립하면 이후의 필요한 일들은 힘들이지 않아도 자동적으로 일어난다. 풍요에 생각을 집중하면 할수록 결과를 얻기 위해 무리한 노력을 할 필요가 없어진다. 일은 하지만, 단순히 생존을 위한 일이 아닌 만족스러운 자기표현을 위한 일이 될 것이다. 당신의 마음의 힘과 생각의 발산은 부와 성공으로 이어지는 기회, 사건, 상황을 만들어내어 마침내 그것들과 우연히 마주치게 한다.

억눌려 있던
물질을 발산하라

우리 안에는 우리를 위해, 우리를 통해, 우리 주변에서 일하고 싶어 하는 물질, 에너지, 신성한 능력이 가득하다. 심리학자들에 따르면 평범한 사람이 사용하는 마음의 힘은 약 10퍼센트에 불과하다고 한다. 의료 당국은 평범한 사람이 사용하는 신체 역량이 약 25퍼센트라고 주장한다. 심리학자들은 마음의 힘을 한 시간 동안 집중적으로 사용하면 24시간 육체노동을 하는 것보다 더 많은 성과를 얻을 수 있다고 하는데, 심지어 한 달간의 육체노동보다 더 많은 성과를 낼 수 있다고 믿는 심리학자들도 있다.

우리의 내면과 주변에는 우리가 사용할 수 있는 거대한 힘이 존재한다. 성공, 번영, 부에 관한 생각, 감정, 심상을 의도적으로 발산함으로써 내 안에 억눌려 있는 물질, 에너지, 힘을 방출하고 풍요로운 삶을 살 수 있다. 그렇게 하면 당신의 풍부한 생각, 감정, 심상이 이 우주의 강력한 에테르 속으로 방출되면서 풍부한 우주의 물질과 접촉하게 된다. 신성한 지성과 힘으로 가득한 우주의 물질은 사람들, 조건, 기회 사이를 이동하면서 당신이 보낸 생각과 상응하는 것들을 끌어당긴다. 그러면 성공적인 결과가 나타난다.

실제로 이 멋진 우주는 누구에게나 풍요롭고 친절하며, 모든 인류가 부유하고 건강하고 행복한 신성한 질서 속에 있기를 바란다.

발산과 끌어당김의 법칙을 너무 어렵게 생각할 필요는 없다. 이 법칙이 부의 비밀이라는 사실을 그저 받아들이고 활용하면 되는 것이다.

"나는 내가 품고 발산하는 생각, 감정, 심상을 통해 내가 원하는 모든 것을 끌어당길 수 있는 자석이다. 나는 내 우주의 중심이다! 내게는 원하는 것은 무엇이든 창조할 수 있는 힘이 있다. 나는 내가 발산하는 모든 것을 끌어당긴다. 나는 내가 선택하고 받아들이는 모든 것을 끌어당긴다. 나는 인생에서 최상의 것과 최선의 것을 선택하고 받아들인다. 나는 당장 건강, 성공, 행복을 선택하고 받아들인다. 나는 당장 나 자신과 인류를 위해 풍요를 선택한다. 우주는 풍요롭고 친절하다. 나는 감히 우주의 풍요와 환대를 수용하고 지금 그것들을 누린다!"

3장

진공의 법칙

자연은 진공眞空을 싫어한다는 말을 들어본 적이 있을 것이다. 부의 영역에서는 더욱 맞는 말이다. 진공의 법칙은 가장 강력한 부의 법칙 중 하나이지만, 실행에 옮기려면 대담하고 과감해져야 한다. 정직하게 노력하고 부를 끌어당기는 생각을 하는데도 실패하는 사람은 대부분 진공의 법칙이 필요한 경우다.

진공의 법칙은 근본적으로 다음과 같다. 당신의 삶에 더 많은 선과 부를 원한다면 그것들을 위한 빈 공간을 마련하라! 원하는 것을 위한 공간을 위해 원하지 않는 것을 버려라. 더 이상 어울리지 않는 옷이 있거나, 더 이상 필요 없는 가구가 있거나, 더 이상 마음이 맞지 않는 사람이 있다면, 진정으로 원하고 바라는 것을 가질 수 있다는 믿음

부를 끌어당기는 기본 법칙

으로 유형의 것과 무형의 것을 치워라. 원하지 않는 것을 없애기 전까지는 자신이 진정으로 원하는 것이 무엇인지 알아차리기 어렵다.

작은 것은
버리자

꽉 막힌 공간에는 새로운 물질이 쉽게 들어오지 못한다. 더 큰 선을 위한 공간을 마련하기 위해 놓아주거나 버린 것이 있는가? 자연은 진공을 싫어하기 때문에 원하지 않는 것을 치우면 원하는 것이 들어올 공간이 마련된다. 작은 것을 버리면 큰 것이 들어올 수 있는 공간이 생긴다.

　한 부부는 새집을 꾸미면서 진공의 법칙을 실천했다. 이전 집에서 정말 좋아하고 새로운 분위기에 어울리는 가구들만 가져왔다. 예전 가구들을 대부분 과감히 버리고, 새집의 남은 공간이 원하는 가구로 채워지는 모습을 상상했다. 한동안은 아무 일도 벌어지지 않았지만 부부는 아름답고 적절한 새 가구들에 대한 비전을 굳건히 유지했다. 그러던 어느 날 대기업에 근무하는 남편이 포인트를 받게 되었다. 포인트로 여러 가지 유형적 보상을 받을 수 있었는데, 그중 하나가 가구였다.

한 사업가는 다른 지역으로 이사를 가게 되면서 집을 팔기 위해 수개월 동안 노력했다. 그는 진공의 법칙에 대해 듣고 자신이 몇 달간 집을 팔고 싶다는 생각만 하고 원하는 것이 들어올 공간을 마련하기 위한 생각은 하지 않았다는 사실을 깨달았다. 그래서 그는 어느 날 서재에 조용히 앉아 집이 팔려 이사한 것처럼 각 방이 비어 있는 모습을 상상했다. 그는 사방이 텅 빈 집을 시각화했다. 그런 다음 이삿짐센터에 보낼 메모를 작성하고 이미 집이 팔린 것처럼 세부적인 이사 계획을 세웠다. 며칠 뒤 집이 마음에 든다는 구매자가 나타났다.

건강을 위한
공간을 마련한다

공간을 만들 때마다 우주의 물질이 그 공간을 채우기 위해 달려든다. 이는 삶의 정신적·육체적 차원에도 똑같이 적용된다.

한 사업가는 몸이 좋지 않아 몇 주 동안 의사에게 치료를 받았다. 그러나 아무 소용이 없었고 남자의 몸은 점점 더 약해져만 갔다. 그의 몸에는 독이 가득했고 그 어떤 것도 독소를 빼주지 못하는 것 같았다. 그러던 어느 날 밤,

부를 끌어당기는 기본 법칙

고열과 심한 기침으로 고통받던 남자는 진공의 법칙을 떠올리고 무언가를 놓아주어야 한다는 사실을 깨달았다.

그는 신에게 무엇을 놓아야 하는지 알려 달라고 조용히 기도했다. 그때 불현듯 원한을 품고 있던 한 사람이 떠올랐다. 그는 그 사람에게 모진 말을 했고, 그에게 상처를 줄 수 있는 일은 무엇이든 했다. 그는 원한을 불러일으킨 사건들과 그 사람에게 상처를 주고 싶었던 욕망을 들여다보았다. 솔직히 상대방은 그 사건 때문에 자신이 상처를 받았다는 것을 몰랐을 수도 있었다. 그가 원한을 품을 이유가 전혀 없었다.

고열로 침대에 누워 있는 동안 그는 반복해서 선언하기 시작했다. "나는 당신을 너그럽게 용서한다. 나는 당신을 놓아주고 풀어준다. 우리 사이에 있었던 사건은 영구적으로 종결되었다. 나는 당신에게 상처를 주고 싶지 않다. 나는 당신이 상처받지 않기를 바란다. 나는 자유이고, 당신도 자유이며, 우리는 다시 잘 지낸다." 잠시 후 그는 평온함과 고요함, 해방감을 느꼈다. 그는 오랜만에 처음으로 평온하게 잠을 잤다. 다음 날 아침 열은 사라졌고 마침내 그는 회복되기 시작했다. 남자는 용서를 통해 몸을 회복시키고 마음에 평화를 가져다줄 새로운 생명이 들어올 공간을 마련했다.

용서가
답이다

대부분의 사람들은 '용서'를 내키지 않는 일로 받아들이지만, 사실 용서는 낡은 생각, 감정 또는 조건이 있는 자리에 더 나은 것을 들이기 위해 그것들을 '놓아준다'는 뜻이다. '놓아주면' 빈 공간이 형성되어 새로운 것이 들어올 수 있는 길이 열린다.

나는 수백 명의 사람들과 그들의 문제에 대해 이야기하면서 용서의 필요를 발견했다. 또한 문제와 관련이 있는 사람 중 한 사람이라도 용서하기 시작하면 관련된 모든 사람이 반응하고 축복을 받으며 해결된다는 것도 알게 됐다.

매우 부유했던 한 여성은 사망한 남편의 사업과 관련하여 법적 분쟁에 휘말리게 되었다. 그녀에게 소송을 제기한 사람은 가족끼리 친하게 지내는 친구였기 때문에 매우 당혹스러웠다. 정신적 고통에 빠진 그녀는 어느 날 밤 기도 모임에 참석하여 자신의 처지를 털어놓았다. 놀랍게도 모임 사람들은 특별히 분노하지도, 동정하지도 않았다. 오히려 그들은 그녀에게 소송을 제기한 남자를 용서하면 문제가 해결될 것이라고 말했다. "용서라고요? 저는 소송에서 이길 수 있기를 기도할 뿐이에요. 그는 정말 끔찍한 짓을 한 거예요!" 깜짝 놀란 그녀가 말했다. 하지만 사람들은 확고했다. 모임이 싫어진 그녀는 자리를 떠났지만, 다음 주에 돌아와 다시 용서로 모든 문제를 해결할 수 있다는 말을 들었다. 그 후 며칠간 그녀는 용서의 힘에 관해 진지하게 생각하기 시작했다. 어느 날 그녀는 운전을 하던 중 자신에게 소송을 제기한 친구를 생각하며, "주님, 인간적으로는 그를 용서할 수 없습니다. 하지만 주님께서 용서하실 수 있다면 저를 통해 그를 용서해 주세요"라고 기도했다. 그러자 마음에 평화가 찾아왔고, 그녀는 그 평화에 감사하며 그 문제를 마음에서 떨쳐 버렸다.

며칠 후 그 친구가 그녀의 변호사를 만나러 마을에 왔다. 그는 변호사에게 그녀를 직접 방문해도 되는지 물었다. 변호사는 주저하며, "그래도 되지만, 별 도움은 되지 않을 겁니다. 합의도 변호사인 저를 통해서 하셔야 합니다"라고 대답했다. 그러자 그는 "소송 때문에 만나려는 것이 아닙니다. 한때 그녀와 친구이기도 했고 그녀의 남편도 존경했으니 보고 싶네요. 예전처럼 만나서 옛이야기를 나누고 싶을 뿐입니다"라고 말했다. 그는 상냥한 말투로 전화를 해왔고 대화를 하던 중 마침내 소송 문제도 이야기하게 되었다. 둘은 모든 관계자들이 만족할 수 있도록 법정 밖에서 조용히 문제를 해결하기로 합의했다.

완고한 생각, 태도, 의견을 놓아주면 보다 즐거운 경험으로 향하는 길이 열린다.

용서의
기술

매일 30분 동안 앉아서 당신과 사이가 좋지 않거나, 떠올리면 기분이 나쁘거나 걱정이 되는 사람을 마음속으로 용서하라. 부당하다고 비난하거나 모진 말을 내뱉은 사람, 험담한 사람, 소송으로 엮여 있는 사람이 있다면, 마음속으로 용서를 구하라. 그들은 무의식적으로 반응할 것이다. 마찬가지로, 자신이 저지른 실패나 실수 때문에 자기 자신을 비난했다면 스스로를 용서하라. 용서가 부와 성공을 위한 공간을 마련해줄 것이다. 마음속으로 다른 사람들에게 이렇게 선언하라. "용서가 우리를 자유롭게 했다. 이제 사랑이 완벽한 결과를 가져올 것이고, 우리 사이도 다시 좋아질 것이다. 나는 사랑의 눈으로 당신을 바라보며 당신의 성공과 부, 완전한 선을 기뻐한다. 다 잘될 거야."

한번은 결혼 생활에 큰 어려움을 겪고 있는 여성과 이야기를 나눈 적이 있다. 그녀의 남편은 음주와 정서불안 때문에 좋은 직장을 잃을 위기에 처해 있었다. 그녀에게 남편의 문제에 대해 생각하지 말고 용서를 통해 더 큰 선이 찾아올 수 있도록 공간을 만들자고 제안하자 그녀가 말했다. "제가 용서할 이유가 없어요. 용서할 것이 없으니까요. 저는 남편을 사랑해요!"

부를 끌어당기는 기본 법칙

나는 그래도 어느 정도의 공간이 필요하다고 했다. 용
서해야 할 사람이 남편이 아닐 수도 있지만, 어쨌든 그녀
는 해방이 필요한 상황이었다. 누구나 자기도 모르게 부정
적인 태도를 감정 속에 저장하기 때문에 매일 용서를 실천
해야 한다.

마침내 그녀는 매일 30분씩 용서를 실천하겠다고 마
지못해 동의했다. 그녀는 오랫동안 잊고 있던 사람들의
이름과 불쾌하거나 불행했던 과거의 경험을 떠올렸다. 그
리고 남편의 최근 행동뿐만 아니라 떠올린 모든 사람에게
자유, 해방, 용서를 선언했다. 그녀가 안도감을 느끼고 오
래되고 완전히 해소되지 못한 적대적인 감정과 태도에서
해방되기 시작하자 남편은 더 이상 술을 마시지 않게 되
었다. 남편은 다시 열심히 일하기 시작했다. 그녀는 일을
그만두었고 항상 꿈꿨던 아름다운 집을 마련할 수 있었
다. 이것이 바로 용서의 힘이다.

놓아주는 것은
끌어당기는 것

문제의 상황을 바로잡는 방법과 해결책에 집착하고 있는
가? 그 생각에 대한 집착을 거두고 놓아주어야 한다. 관련

된 상황이나 인물에게 선언하라. "나는 내려놓고, 놓아주고, 섭리에 맡긴다." 놓아주는 것을 두려워하지 말라. 영적 해방을 통해 잃는 것은 아무것도 없다. 영적 해방은 당신의 이익과 관련된 사람들의 이익이 훨씬 더 자유롭게 삶으로 들어올 수 있도록 한다. 놓아주면, 선을 끌어당기는 힘은 더욱 커진다.

물건을 놓아줄 때 한 가지 주의할 점이 있다. 옷장에 있던 대부분의 옷을 여동생에게 주고 싶다는 생각을 한 적이 있다. 좋은 옷들이었지만 싫증이 났기에 옷들을 전부 동생에게 주면 새 옷이 들어오는 길이 생길 것이라고 생각했다.

동생에게 옷들을 부친 뒤에 나는 새 옷이 올 것이라고 확신하면서 행복해하고 기대했다. 그러나 몇 주 동안 아무 일도 벌어지지 않았다. 마침내 나는 '동생에게 보낸 그 정장이 있었다면 오늘 입었을 텐데'라고 생각하면서 동생에게 보낸 옷들을 마음속으로 계속 붙잡고 있었다는 것을 깨달았다.

그렇다면 이미 발산한 생각을 다시 발산할 필요가 있었다. 나는 동생에게 보낸 옷들을 하나하나 떠올리며 선언했다. "나는 당신을 완전히 자유롭게 풀어줍니다. 나는 당신을 완전히 놓아줍니다. 당신은 내 옷장에서의 임무를 완수했습니다. 내게는 더 이상 당신이 필요하지 않습니다.

이제 당신은 당신이 있어야 할 곳에 있습니다." 그러자 금세 아름다운 새 옷들이 내 옷장을 찾아왔다! 자석 같은 힘이 작용한 듯했다.

텅 빈 옷장에 대해 전혀 알지 못했던 한 친구가 조용히 내게 와서 "너와 나누고 싶은 돈이 있는데, 이 돈으로 무엇을 할지 기도할 때 계속 네게 옷을 사 줘야겠다는 생각이 들었어. 너는 옷을 잘 입지만, 그 생각이 계속 나서 여기까지 왔어"라고 말했다.

그렇게 흐름이 시작되자 이곳, 저곳, 모든 곳에서 물질이 흘러들어왔다. 어느 잡지사에 기고한 글이 게재를 거절당했는데, 확신은 없었지만 희망을 가지고 기사를 수정해 다시 제출했다. 그랬더니 승인이 났고 고료도 받을 수 있었다. 쇼핑을 하던 중 물건을 보고 내게 어울리겠다는 생각이 들어 나를 위해 선물로 구입한 사람도 있었다. 모두 옷장에 걸려 있는 상상을 했던 옷들이었다! 고향을 방문한 친구 한 명은 그곳에서 쇼핑을 했다. 한동안 나와 연락을 주고받지 않았던 친구라 내 빈 옷장에 대해 알 턱이 없었다. 그런데도 그녀는 쇼핑을 하다가 날 위한 옷을 사서 보냈다. 그녀는 나중에 이렇게 말했다. "널 위해 옷을 사야 한다는 생각을 떨쳐버릴 수가 없었어."

이 경험을 통해 나는 많은 교훈을 얻었다. 동생에게 보낸 옷을 자유롭게 놓아주기 전까지는 아무 일도 벌어지

지 않았다. 주고 난 뒤에 자유롭게 놓아주지 못하는 선물
은 선물이 아니다. 자유롭게 놓아줄 자신이 없다면 애초에
줘서는 안 된다. 줄 것이라면, 준 것은 관대하게 놓아줘야
한다. 그렇게 하지 않으면 아무런 소용이 없다.

당신이 가지고 있는
물질을 사용하라

진공의 법칙을 적용하는 또 다른 방법은 현재 눈에 보이는
물질을 사용해 새로운 부가 당신에게 흘러들어올 길을 만
드는 것이다. 그러나 풍성한 결과를 얻으려면 특정한 마음
가짐으로 임해야 한다.

현재의 필요를 채울만한 돈이 없거나 더 큰 부를 얻는
길이 막힌 듯 보인다면 상황을 통제해야 한다. 생각과 감
정을 통제해야 한다. 자신이 무방비 상태라고 생각하고 무
력감과 자기 연민에 빠지기보다는 재정적인 상황을 두고
이렇게 선언하라. "잠잠하라, 고요하라."

지갑, 통장 등 재정적 공급을 나타내는 유형적 증거를
손에 들고 선언하라. "너는 지금 내 모든 필요를 공급하는
우주의 풍성한 은혜로 가득 차 있다."

이 시점에서는 이미 돈이 눈에 보이는 것처럼 부자다

운 태도를 갖추는 것이 중요하다. 돈이 부족하다고 말하거나 돈을 지불하는 것을 미루거나 아껴 써서는 안 된다. 수중에 있는 돈을 마지막 한 푼까지 전부 써라. 이때 재정적 결핍을 들먹이며 상환을 미루면 갚아야 할 비용이 두 배로 늘어난다. 위를 올려다보고 낼 돈이 있음에 감사하라. 그런 다음 내야 할 돈을 축복하며 담대히 내보내라. 즐겁게 선언하라.

최선을
다하라

재정적 상황과 무관하게 '위를 올려다보는' 또 다른 방법은 최선을 다하는 것이다. 가진 옷 중에서 제일 좋은 옷을 입고 최선을 다해 스스로를 가꿔라. 자신이 이미 가지고 있는 것들로 최대한 화려하게 살아라.

한번은 회의에 참석할 때 입을 새 옷이 필요했지만 옷을 살 돈이 없었다. 나는 이 문제를 두고 기도하면서 부자가 된 기분을 느끼기 위해서는 가진 옷 중에서 가장 좋은 옷을 입어야 한다는 느낌을 받았다. 그래서 거의 일주일 동안 매일 내가 가진 옷 중에서 제일 좋은 드레스를 계속해서 입었다. 그러던 어느 날 과거에 내가 제공했던 서비스에 대한 보답으로 누군가 현금을 보내주었다. 당연히 나는 그 돈으로 새 옷을 샀다.

무언가를 내려놓고, 놓아줌으로써 새로운 부가 들어올 공간을 만들었다면 이제 현재 가지고 있는 물질로 풍요로운 느낌, 풍요로운 분위기, 풍요로운 모습을 연출하기 위해 할 수 있는 모든 일을 해야 한다. 누구에게도 결핍 상태나 빈 공간을 언급해서는 안 된다. 경제적 결핍이나 제약에 대해 말을 하면 경제적 빈곤에 머물게 된다. 자기 자신이 가난하거나 궁핍하다고 생각하지 말라. 상황이 어렵다거나 아껴야 한다고 말하지 말라. 가진 게 얼마나 적은지가 아니라 가진 게 얼마나 많은지 생각하라. 콩밖에 먹을 것이 없더라도 제일 좋은 도자기와 은 접시를 꺼내 식사를 해야 한다.

원하지 않는 것을 놓아주고 빈 공간을 만들 때, 현재 눈에 보이는 공급을 보류하기보다 그것을 통해 당면한 필요를 최대한 충족시키면서 가능한 한 풍요롭게 살 때 풍성한 결과가 나오기 시작한다. 당신의 필요를 채워줄 새로운 공급 통로가 나타난다. 이전에는 알지 못했던 금융 자산을 발견하게 된다. 사람들은 자기도 모르게 당신의 공급을 늘리는 일을 하게 된다.

큰돈이 필요한 상황에 처하면 당황하지 말라. 그것은 눈에 보이지 않는 부의 법칙이 가시적이고 만족스러운 결과를 가져올 수 있음을 증명할 기회다. 부를 끌어당기는 생각의 힘을 발휘할 수 있는 시작점이다.

부를 끌어당기는 생각을 의식적으로 발전시키기 시작할 때 새로운 선을 위한 공간을 만드는 방법을 배우면, 눈에 보이지 않는 법칙을 사용해 눈에 보이는 필요를 충족시키는 방법을 알고 있으므로, 재정적 어려움이 닥쳐도 당황하지 않고 그 어려움에 맞서 승리할 수 있으며, 장기적으로 훨씬 더 부유해질 수 있다.

선을 위한 공간을
마련한다

누구나 자신의 재정 상태가 개선되기를 바라고, 또 그렇게 되어야 한다. 그러려면 다음을 실천해야 한다. 재정적 결핍에 관해 이야기하지 말고 어디에나 있는 풍부하고 보편적인 풍요의 관점에서 생각하라. 그런 다음 당신이 기도하고 노력하며 강력하게 바랐던 것들을 위한 공간을 마련하기 위해 내려놓고, 포기하는 법을 배워라. 해묵은 생각과 태도, 오래된 소유물을 놓아주고 그 자리를 부와 진취적인 성취에 대한 새로운 아이디어로 채우면 조건은 꾸준히 개선된다. 사람은 항상 지금 가진 것보다 더 나은 것을 원한다. 이것이 바로 발전 욕구다. 아이들이 성장하면 옷이 작아지듯 과거의 이상에서 벗어나면 삶의 지평도 넓어진다.

성장의 속도에 발맞추려면 반드시 지속적으로 낡은 것을 버려야 한다. 낡은 것에 집착하면 앞으로 나아가는 것이 힘들어지거나 아예 멈추게 된다.

지금 당장 빈 공간을 만들어 당신이 그토록 원하던 부와 성공을 불러보는 건 어떨까?

4장

창조의
법칙

부에 관해 본격적으로 이야기해보자. 빈 공간을 마련했으니 이제 창조의 법칙을 통해 그 공간을 풍부하고 새로운 선으로 채울 준비가 되었다.

창조의 법칙은 이 장과 다음 두 장에서 제시하는 세 가지 기본 단계, (1) 계획을 세우고, 그 계획과 관련된 자신의 욕구를 적고, (2) 계획이 실현되는 모습을 심상화心像化하고, (3) 계획의 완벽한 실현을 계속 확언하는 것과 관련이 있다.

이 장에서 설명하는 첫 번째 단계는 매우 중요하다. 계획과 메모 없이는 나머지 두 단계도 효과가 없기 때문이다.

강한 욕망은
성공의 동력이다

최근 어느 영업사원은 고객이 원하는 제품을 판매하는 것이 언제나 최선이라는 사실을 알게 되었다고 한다. 그는 고객에게 더 나은 다른 제품이 있어도 고객이 이미 마음을 정한 경우, 욕망이 너무나 강력해서 결정을 바꾸려 하지 않는다고 말했다. 강한 욕망은 제품에 대한 믿음을 의미하며, 이는 필연적으로 만족을 가져온다고 한다.

진정한 욕망은 약하거나 미온적이지 않다. 강렬하고 강력하다. 강한 욕망은 적절하게 계발되고 표현되기만 하면, 반드시 성공의 힘을 동반한다. 선에 대한 욕망이 강할수록 그 욕망을 실현할 수 있는 힘도 커진다.

나는 다양한 문제를 가진 사람들을 상담하면서 올바른 욕망이 성취를 가로막는 모든 것을 해결한다는 사실을 발견했다. 올바른 욕망은 문제를 해결하고 부의 길로 나아가는 첫걸음이다.

마음속 깊이 자리 잡은 부와 성공에 대한 욕망을 어떻게 발산할 수 있을까? 한 번에 하나의 큰 목표에 주의를 집중하면 된다. 하나의 큰 목표에는 그 목표가 달성되면 자동으로 성취되는 여러 가지 작은 욕망들이 포함되어 있다. 심리학자들은 큰 욕망과 목표를 가지는 것이 사람과 사건에 영향을 미친다는 데 동의한다. 마치 모든 사물과 사람들이 무의식적으로 우리의 큰 욕망과 목표에 동조하고 이를 달성하기 위해 바쁘게 움직이는 것처럼 말이다.

　놀라운 것은 성공을 원하는 수백만 명의 사람들 중에 강력한 진짜 욕망을 가진 사람은 거의 없다는 사실이다. 그들은 작은 사건과 작은 기대들의 흐름 속에서 한가롭게 표류하는 데 만족한다. 성공 가도를 달리는 사람들은 인생에서 최고와 최선을 향한 강렬한 열망을 가진 사람들이다. 사람들의 건설적인 욕망을 확장하고 강화하기 위해 내가 자주 사용하는 문구 중 하나는 다음과 같다. "나는 인생에서 최고와 최선을 원하며, 나는 지금 최고와 최선을 끌어당긴다."

당신의
욕망을 적어라

창조의 법칙은 마음속 깊이 자리 잡은 욕망을 불가능한 꿈이라고 억누르는 대신, 행동으로 표현하는 것이다. 바로 적는 것이다! 목록을 작성하거나 계획을 세우고, 아이디어가 떠오를 때마다 자유롭게, 수정한다. 종이에 기록하는 행위는 마음속의 욕망을 명확하게 만들어준다. 마음은 명확한 아이디어가 주어졌을 때만 확실한 결과를 만들어 낸다.

사람들은 더 잘살고 싶어 하고 더 많은 돈을 갖고 싶어 하지만, 어떻게 더 잘살고 싶은지, 얼마나 더 많은 돈이 필요한지 자신의 욕망을 명확히 하지 않는다. 사실, 많은 사람들이 자신의 욕망을 명확히 표현하는 것을 주저하는 이유는 세속적인 욕망을 털어놓는 것을 두려워하기 때문이다. 하지만 에밀리 캐디 박사가 그의 저서 『진실의 교훈 *Lessons in Truth*』에서 말했듯이, "욕망은 신이 당신에게 더 큰 선을 주려고 마음의 문을 두드리는 것"이다. 깊은 욕망이 건설적인 출구를 찾지 못하면 신경증적 성향, 공포증, 긴장, 억압 등의 파괴적인 형태로 표출되어 알코올 의존, 정신질환, 마약 중독, 성 불균형 등의 부정적인 행동에서 출구를 찾는다.

욕망과 계획을 글로 적는 것의 힘은 몇 년 전에 함께 일했던 변호사 덕분에 깨닫게 되었다. 의회 선거에 출마했던 그는 패배한 직후에 자기 연민에 빠지기보다 새로운 계획을 세웠다. 자신의 로펌을 지금의 2인 구성에서 더 확장하고 싶은 욕망과 향후 5년간 해마다 달성하고 싶은 연간 수입을 글로 적었다.

당시에는 이것이 성공을 달성하는 가장 강력한 방법 중 하나라는 사실을 알지 못했다. 너무 단순해 보였기 때문이다. 그런데, 낙서처럼 보였던 그의 계획은 실현되었고, 결실을 맺었다. 로펌은 점차 각 변호사가 특정 법률 업무를 전문적으로 수행하는 5인 체제로 자리 잡았다. 두 개의 작은 사무실을 사용했던 로펌은 현대식 신축 은행 건물로 이전해 전 층을 사용하게 됐다.

부는 의도적인 생각과 행동의 결과다. 부유한 삶에 우연이란 없다. 다리나 건물처럼 부유함도 계획된 결과물이다. 의도적인 계획 없이는 지속적으로 성공적인 결과를 얻을 수 없다.

자신이 원하는 것이 무엇인지 아직 명확하게 알지 못할 수도 있다. 그렇다면 지금 당장 원하지 않는 것들을 생각해보고 목록을 작성하라. 삶에서 정리하고 없애고 싶은 것들을 나열해 보라. 그 목록에 "이 또한 지나가리라", "너는 사라지리라"라고 선언하라.

부의 공식

불황기에 나와 함께 부를 끌어당기는 생각을 실험한 사업가들은 이렇게 했다. 먼저 6개월 뒤에 이루어지기를 바라는 욕망을 적고, 매달 성취하고 싶은 것을 적었다. 그리고 매주 원하는 결과를 목록에 추가하는 등 목록을 변경했다.

목록을 완전히 바꿔 욕망을 확장하거나 더 이상 매력적이지 않은 욕망을 삭제하는 경우도 있었다.

이들은 매주 자신의 욕구를 적은 목록을 강의실에 가져왔다. 각자의 목록은 같은 그룹에 있던 구성원들을 제외하고는 아무에게도 말하지 않았다. 우리는 강의를 시작할 때마다 각자의 목록을 손에 들고 함께 선언했다.

"나는 부유합니다. 세상의 모든 것은 내가 공유하고 경험할 수 있습니다. 세상에 주어진 풍성한 물질은 무한하고 어디에나 있고 누구나 사용할 수 있으므로 나의 풍성한 복은 다른 사람의 선을 방해하지 않습니다. 지연은 없습니다! 나의 최고의 선을 위한 것이 아닌 것들은 이제 내게서 사라지고 나는 더 이상 그것들을 욕망하지 않습니다. 나는 이제 내게 이로운 것들로 풍성하게 채워집니다."

하루에 최소 15분 동안 자신이 작성한 욕망에 대해 말하고, 하루, 일주일, 한 달 동안 벌고 싶은 돈을 적는 등 매우 명확한 과제를 수행했다. 욕망이 실현되기를 바라는 시기와 명확한 날짜도 정했다. 풍요로운 선이 어떻게 실현될지 궁금해하거나 의심하거나 질문하지는 않았다.

결과는 놀라웠다. 창조의 법칙을 읽고 시도한 전 세계의 사람들도 비슷한 결과를 얻었다는 내용의 편지를 보냈다! 우리는 목록을 작성하고 수정하고 변경하면서 종종 "할 수 있거나 할 수 있기를 꿈꾸는 일을 시작하라. 대담함에는 천재성과 힘, 마법이 깃들어 있다"라는 괴테의 말을 확언했다. 우리가 상상할 수 있는 것은 모두 이룰 수 있다고 선언하고, 모든 장애물은 자신이 가는 길을 아는 사람의 앞길을 터주기 위해 물러나고, 세상은 위로 오르려는 사람의 편에 선다는 진리를 되새겼다.

자신의 욕망을 생각하고, 그것을 적고, 실현되기를 바라는 시간을 명시해 건설적으로 표현한 다음 이루어지기를 기도하는 데는 마법 같은 힘이 숨어 있다. 이 방법이 지나치게 단순하게 느껴지는가? 위대한 진리와 강력한 비밀은 단순해 보이는 법이다. 사실 너무 간단해서 사람들은 이 방법을 간과하고 더 어려운 방법을 찾는다.

매일 목록을
작성한다

모델 학원을 운영하는 친구는 욕망을 적는 방법이 아주 효과적이어서 목록을 작성하고 매일 수정하는 등의 구체적인 방법을 녹음해 모델 학원 수업에서 활용하고 있다. 결과는 어땠을까? 자신이 원하는 일, 원하는 급여, 원하는 근무 시간, 원하는 근로 형태를 구체적으로 작성한 수많은 학생들이 패션모델 업계와 방송 분야에서 원하는 일자리를 얻었다.

창조의 법칙을 실천하는 간단하면서도 효과적인 또 다른 방법은 하루를 시작하고 마무리할 때 메모와 목록을 작성하는 것이다.

아침에 나는 항상 커피 한 잔을 마시며 몇 분간 조용히 앉아 하루 일과와 성취하기를 바라는 크고 작은 일들을 떠올린다. 그리고 목록으로 작성한다. 겨우 몇 분밖에 걸리지 않는 이 작업은 매우 유익하다. 내가 나의 하루를 통제하고 있다는 느낌을 주기 때문이다. 보통 그 목록의 끝에는 성취에 감사하는 글을 쓴다.

마찬가지로 하루를 마무리할 때 시간을 내어 하루를 돌아보고 내가 받은 복과 성취된 일들에 대해 감사의 글을 쓴다. 보통은 다음 날의 성취도 함께 작성한다. 그러면 마음이 편안한 밤을 보낼 수 있다.

매일 아침저녁으로 목록을 작성하는 습관은 큰 만족감과 깨달음을 준다. 언제나 생각했던 것보다 더 많은 복을 나열할 수 있기 때문에 이제 매일 이 의식을 지키지 않으면 뭔가 잘못된 느낌이 들 정도다. 목록 작성에 충실하면 하루 일과가 뜻대로 흘러가지 않는 날은 거의 없다.

많은 사람이 이 방법을
사용한다

목록 작성은 사소해 보일 수도 있지만, 많은 성공한 사람들이 이 방법을 사용하고 있다. 성공한 사람들이 자신의 성공 비결을 광고하는 경우는 거의 없기 때문에 우리가 모를 뿐이다.

코트 안주머니에 작은 수첩을 넣어두었다가 일이 꼬일 때 꺼내서 바라는 해결 방향을 재빨리 메모하는 유명 엔지니어가 있다. 그가 무엇을 하는지 아무도 몰랐기에 그는 많은 사람들 사이에서도 다양한 문제를 빠르게 통제할 수 있었다.

최근 한 어머니는 회사의 젊은 임원인 아들에게 그가 회사에서 받고 있는 특별 교육에 대해 물었다. 아들은 경영상의 문제를 해결할 때 사용하는 새로운 심리 기법을 배웠다고 설명했다. 그가 배운 현대적인 문제 해결 방법은 조용히 앉아서 문제를 적고, 최선이자 최고의 해결책이라고 생각되는 것을 적고, 더 나은 해결책이 나올 수 있다는 것을 인지한 다음 해결책을 적은 종이를 찢어버리고 긴장을 푸는 것이었다! 아들은 그의 어머니가 이미 수개월 전부터 이 방법을 사용해왔던 것을 알고 크게 놀랐다.

어느 의사는 매주 병원에서 벌어들이고 싶은 수입을

적기 시작한 뒤로 수 주 만에 수입이 크게 늘었다. 이전에
도 수입이 크게 늘어나는 상상을 했었지만, 수치가 너무
커서 스스로 받아들이기가 어려웠다. 주 단위로 상상하자
생각을 받아들이기가 한층 수월해졌고, 결과는 금방 현실
로 나타났다.

자신의 고난에 대해 글을 쓰는
자에게는 화가 있으리라

사업상 어려움을 겪던 한 남성이 있었다. 초반에는 그다지
시급하지 않았고, 태도만 바꿨더라면 쉽게 해결할 수 있었
던 문제였다. 하지만 이 사실을 깨닫지 못한 남성은 걱정
스러운 마음에 자신의 어려움을 글로 써서 친구들에게 전
하기 시작했다. 그와 친구들의 마음속의 어려움은 더욱 커
졌고 말 그대로 배가 되었다. 이후 그는 다른 사람들에게
자신의 문제에 대해 말하고 부정적인 글을 쓰는 일은 하지
말아야 한다는 사실을 깨달았다. 반대로 사업이 어떻게 되
기를 바라는지 쓰기 시작하자 몇 달 만에 처음으로 어려움
이 줄어들기 시작했다.

　　이와 마찬가지로, 역경에 처했을 때 겉으로 보이는 상
황과 무관하게 상황이 어떻게 흘러가면 좋겠다는 것을 은

밀히 적어두는 것이 좋다. 그렇게 하면 당신이 원했던 상황을 수용하는 데 도움이 될 뿐만 아니라, 당신이 적었던 욕망이 무의식적으로 에테르 속으로 분출돼 주의를 집중시키고 모든 관계자들이 협력하고 돕게 한다. 비록 신비주의처럼 보일지언정 실용적이고 유익한 결과를 얻을 수 있다면 현대의 신비주의자가 되어보는 건 어떨까?

나의 과거와 미래를
통제한다

과거나 미래에 대해 글을 쓰며 통제력을 키우는 것도 좋다. 나는 상담을 하면서 많은 사람들이 과거의 실수를 후회하며 과거에 얽매인 채로 살고 있음을 알게 되었다. 뒤를 돌아보는 행동은 현재와 미래의 발전에 방해가 된다.

실망스러운 과거의 사건을 어떻게 바로잡고 싶은지에 대해 글을 쓰는 것은 그 사건에 대한 기억에서 '상처'를 제거한다. 과거에 불행한 경험을 했던 사람들이 편지나 전화, 혹은 직접 대면하여 더 이상 과거의 사건이 중요하지 않다거나 모든 것을 용서했다고 얘기하는 경우를 여럿 보았다. 쓰라린 오해와 고충을 겪었던 사람들의 관계가 전보다 더 좋아지는 경우도 보았다.

마찬가지로, 미래에 당신을 위협할 만한 사건이 있다면, 그 사건이 어떻게 전개되기를 바라는지 글로 쓰고 생각 속에서 그 사건을 통제하라. 관련된 모든 이의 이름을 적고 조화와 이해 등 당신이 원하는 결과를 명확하게 적어라. 정신의 영역에는 시간이라는 요소가 없기 때문에 마음은 미래의 경험에 자신을 투영하고 조화와 올바른 결과를 미리 준비할 수 있으므로 모든 것이 쉽고 빠르게, 성공적으로 움직일 수 있다. 이를 깨닫고 마음이 자신을 위해 일하도록 훈련하면 마음은 훌륭한 종이 된다.

내가 만난 성공한 젊은 임원 중 한 명은 겨우 십 대였을 때 12년 발전 계획을 세웠는데, 놀랍게도 그 계획이 실현되었다고 한다. 그는 아직 서른 살도 채 되지 않았지만 부자이며, 몇 년 안에 틀림없이 백만장자가 될 것이다.

이 방법은
만능이다!

창조의 법칙은 과거, 현재, 심지어 미래와 관련된 성공과 행복을 만드는 힘이 있다.

먼저 삶에서 당신이 가장 원하는 것이 무엇인지 물어보는 것부터 시작하라. 구체적으로 명확하게, 진지하게 답하라. 그런 다음 자신의 주된 욕망을 적어라. 당신이 무엇을 하고 있는지 아무에게도 말하지 말고 은밀하게 당신 욕망의 신성한 성취를 선언하라. "나는 이 욕망들이 즉시 완전하게 성취되었음에 감사한다. 이것 또는 더 좋은 것이 나를 위해 때맞춰 나타날 것이다"라고 선언하라. 그런 다음 매일 목록을 수정하라.

목록을 검토하는 데 하루 최소 15분을 투자하라. 이 간단한 절차를 꾸준히 지키고 행복한 결과들을 맞이할 준비를 하라. 우주는 당신이 부자가 되고 복을 받기를 원하기 때문에 당신이 가능하다고 꿈꾸는 것 이상의 일이 당신에게 일어날 것이다.

부자가 된 어느 사상가는 결과는 자신이 그것을 향해 움직이기 시작했을 때 나온다고 말했다. 내가 여기서 소개한 창조의 법칙을 실천하는 방법들은 당신이 '선을 향해' 움직이는 데 도움이 되는 간단하지만 증명 가능한 방법들이다. 움직이기 시작했는데, 그 선이 갑자기 달려온다고 놀라지 말라!

5장

심상화의 법칙

욕망을 목록으로 만들고, 그 목록을 매일 변경하고 확장하고 수정하고 있다면, 당신은 다음 단계로 넘어갈 준비가 되었다. 이 시점에서는 거의 마법에 가까운 힘을 가진 심상화의 힘을 불러내야 한다.

마음을 연구하는 현대의 학자들은 인간은 상상할 수 있는 것은 무엇이든 창조할 수 있고, 정신적 이미지가 인간의 삶과 조건과 경험을 만들며, 인간의 유일한 한계는 상상력을 부정적으로 사용하는 데 있다고 말한다. 즉, 인생에 실패와 결핍이 있다면 그것은 당신이 먼저 마음속으로 상상했기 때문이다.

당신은 마음속에서 인생의 한계를 정한다. 그 한계를 부수고 원하는 대로 인생을 다시 만들어가는 것도 마찬가지로 마음속에서 시작된다.

상상력은 의지력보다 훨씬 더 강력한 힘이며, 상상력과 의지가 충돌할 때는 언제나 상상력이 승리한다고 처음 선언한 사람은 프랑스의 의사 에밀 쿠에였다.

이는 최면에서도 증명된 바 있다. 머릿속에서 그림이 처음 제시될 때 의지는 그림을 받아들이려 하지 않는다. 그러나 그림이 계속 반복되면 논리적으로 실현 가능성이 없어 보이는 그림이라도 상상력은 그것을 받아들이고 실현할 수밖에 없다. 그렇다고 부를 끌어당기는 법칙이 최면은 아니다. 오히려 수 세기에 걸쳐 이루어진, 빈곤을 끌어당기는 생각의 무지하고 미신적이며 제한적인 믿음이라는 최면에서 깨어나려는 것이다.

인생에서 더 큰 선을 바라고 있는 당신은 마음속으로 그것에 대한 정신적 이미지를 형성하기 시작해야 한다. 당신의 이성이 불가능하다고 말할지도 모르지만 그것은 중요하지 않다.

그럼에도 불구하고 심상화를 지속하면 상상력이 작동하면서 눈에 보이는 결과가 만들어질 것이고, 때가 되면 의지도 작동할 것이다.

마음이 기대하는 것은 무엇이든 만들어지고, 생산되고, 실현된다.

역사가 심상화의
힘을 증명한다

역사는 심상화의 힘을 여러 번 증명했다. 고대 그리스의 펠로폰네소스 전쟁과 관련된 사실들을 떠올려보자. 이 전쟁은 27년 동안 지속되었다는 점에서 중요한 전쟁이었다. 그렇게 오래 지속된 이유에 대해 역사가들은 양측 모두 목적이나 전략이 부족했다고 말한다. 승리를 위한 구체적인 계획이 없었기 때문에 전쟁에서 지는 것도, 이기는 것도 아닌 상태로 그저 싸우기만 하면서 한없이 질질 끌고 있었던 것이다.

마침내 선견지명과 능력을 갖추고 승리와 성공을 심상화할 줄 알았던 스파르타인이 나타나 자신의 편을 승리로 이끌었다. 역사가들은 그가 단 한 시간 만에 길었던 전쟁을 끝냈다고 기록하고 있다. 어떻게 그럴 수 있었을까? 전투와 유혈 사태를 통해서? 전혀 아니었다. 그는 다르다넬스 해협 입구에서 자신의 배와 병사가 궁지에 몰린 것처럼 적들을 속였다. 전의를 상실할 정도로 약화된 것처럼 꼼짝도 하지 않은 채 나흘 동안 인내심을 갖고 기다렸다. 다섯째 날, 적군들이 식량을 구하기 위해 육지로 나가자 리산드로스는 신속하게 전면 기습을 가해 전 함대에 해당하는 180척의 배를 점령했다.

부를 끌어당기는 기본 법칙

우리는 종종 이 고대 그리스인들처럼 행동한다. 승리에 대한 계획을 세우지도 이미지를 떠올리지도 않고 이기는 것도 지는 것도 아닌 상태로 그저 싸우기만 한다.

기원전 500년에 써진 『손자병법』에는 "전투에 참여할 때는 직접적인 전략을 사용할 수 있지만, 승리를 보장받으려면 간접적인 전략이 필요하다"라고 나와 있다.

마음의 전능한 힘인 상상력으로 자신의 선을 상상하는 것은 인생의 문제에서 승리를 보장받는 간접적인 전략이다. 문제를 악화시키는 빈곤, 실패, 재정적 결핍과 싸우기보다 조용히, 의도적으로, 끈질기게 당신의 선을 심상화하는 간접적인 전략을 사용하라.

성공을 지속적으로
상상하라

심상화 능력이 즉각적인 결과를 가져올 때도 있고 그렇지 않을 때도 있다. 시간이 오래 걸리더라도 낙담하거나 포기하지 않는다면 더 큰 결과를 얻을 수 있다.

심상화 법칙으로 10년 만에 부유한 은퇴 생활을 하게 되었다는 한 트럭 운전사의 이야기가 이를 잘 입증해 준다.

아내와 아이들과 함께 임대 주택에서 근근이 살며 남

의 트럭을 운전하던 남자가 있었다. 그러던 중 심상화 능력에 대해 듣게 되었고, 그것이 정말 소문만큼 강력한지 알아보기로 결심했다.

그는 자신과 가족이 누리고 싶은 생활 수준을 상상하기 시작했다. 그는 재정적으로 독립해 사업을 하고 싶었고, 넓고 편안한 집과 자동차를 두 대 이상 소유하고 싶었으며, 아내가 생활비 몇 푼을 아끼려고 기를 쓰거나 온 동네에 외상을 지는 일 없이 원하는 만큼 자유롭게 쇼핑할 수 있기를 원했다.

그는 가능할 때마다 자신과 가족을 위한 생활 수준과 수입을 머릿속에 그렸다. 그러고는 1년 만에 회사 트럭을 모는 일에서 벗어나 영업 관리자가 되었다!

하지만 여전히 집도, 자동차도, 사업도, 재정적 독립도 이루지 못한 상태였다. 그해 크리스마스 때 그는 가족들에게 "내년 크리스마스에는 우리 집이 생길 거고, 집 앞에는 우리 차가 세워져 있을 거야"라고 말했다. 하지만 다음 해 크리스마스 때도 여전히 그들은 임대 주택에서 차 없이 살고 있었다. 그때 아이들이 작년에 그가 했던 말을 상기시켜 주었다. 그러자 그는 "희망을 버리지 말자. 다소 성급한 예측을 한 것 같지만, 곧 복이 찾아올 거야"라고 대답했다.

이듬해 휴가철에 그들은 새 집으로 이사했고, 집 앞에

부를 끌어당기는 기본 법칙

는 두 대의 차가 서 있었다!

그는 자신이 원하는 풍요로운 생활 수준을 상상하기 시작한 뒤에도 계속 비정규직 트럭 운전사로 생활했으며, 그것이 실제로 가능하다고 스스로를 설득하고 풍요로운 정신적 그림을 받아들이기까지 2년이 걸렸다고 했다. 하지만 부자가 될 수 있다는 확신이 들자 단단한 껍데기가 깨지는 기분이 들었고, 갑자기 성공이 들이닥쳐 그 속도를 따라잡을 수 없을 정도였다고 한다. 그는 거대한 규모의 부를 심상화하기 시작한 지 6년 만에 보험업에서 그것을 실현했다. 10년 뒤에는 엄청난 돈을 벌어 은퇴했다!

실제로 그는 심상화의 힘에 관한 이야기를 이렇게 마무리했다.

저는 무일푼이었던 트럭 운전사에서 10년 만에 보험업계의 거부가 되었습니다. 하지만 이것은 제가 처음으로 얻은 재산일 뿐입니다. 이제 은퇴 생활도 진력이 났고, 앞으로 10년간 같은 방법으로 두 번째 재산을 만들 계획입니다. 심상화를 통해서요!

행운의 수레바퀴가
가져다준 결과들

'나는 아직 심상화의 힘에 대해 잘 알지 못하는데, 상상력을 훈련할 만한 간단한 방법은 없나?'라고 생각할지도 모른다.

당연히 있다!

나의 첫 강의를 들었던 엔지니어가 상상력을 훈련해 풍성한 결과를 만들어내는 실용적인 방법을 고안해냈다.

그는 시간과 공간에 자신의 마음을 투사하여 현재의 한계를 뛰어넘고 행복한 결과를 가져오는 '행운의 수레바퀴'를 고안했다. 이 엔지니어는 행운의 수레바퀴를 통해 심상화의 힘을 적용하고 나서 수백만 달러 규모의 일을 맡게 되었다.

그가 고안한 행운의 수레바퀴는 수많은 사람들을 매료시키고 도왔다. 목회자 친구들 중 일부는 짧은 기간 동안 이 방법을 사용하여 유럽 여행을 했고 평생의 꿈을 실현했다 한다. 또 다른 친구는 행운의 수레바퀴로 한겨울에 휴가를 얻어 아픈 어머니를 플로리다에 모시고 가서 의사의 처방대로 따뜻한 햇살을 쬐게 할 수 있었다고 한다.

부를 끌어당기는 기본 법칙

행운의 수레바퀴를
만드는 방법

엔지니어가 행운의 수레바퀴를 만든 방식은 다음과 같다.

큰 벽보판에 공간을 꽉 채울 정도의 둥근 원을 그린다. 원의 중앙에는 종교적 사상이나 자신에게 의미 있는 상징을 배치한다. 원 아래에는 "신성한 지성이 내 삶을 책임지고 있다. 나는 이제 그 풍부한 가르침과 인도하심을 마음을 열고 수용하며, 순종한다"라고 적는다. 이 부분이 그의 행운의 수레바퀴의 가장 안쪽을 구성하며, 이 아이디어의 핵심이다.

이 안쪽 부분에서 원의 둘레까지 선을 그어 수레바퀴를 네 부분으로 나눈 뒤 각 영역에 '일', '가족', '사교'와 '휴식'이라는 이름을 붙였다. 그런 다음 각각의 영역에서 달성하고자 하는 결과를 나타내는 그림들을 배치했다.

'일' 면에는 아직 결정된 건 아니지만 이직이 성공하면 얻게 될 '완벽한 엔지니어링 포지션'을 나타내는 그림을 붙였다. 그림 아래에는 이렇게 적었다. "나는 이제 신성한 사랑에 의해 움직이고 신성한 힘에 의해 올바른 일로 인도되며, 그 일을 완벽한 방식으로 수행하며 완벽한 보수를 받는다. 내 인생의 신성한 계획은 이제 분명한 실제 경험으로 구체화되어 건강, 행복, 성공, 부로 이어진다."

'가족' 면에는 현재 살고 있는 집의 사진을 붙이고 이 직에 성공하면 그 집을 팔아야 하기 때문에 그 아래에 이렇게 적었다. "신성한 지성이 이 집의 적합한 구매자를 찾는다. 정의롭고 질서 있는 가치 교환으로 모든 관계자가 복을 받는다." 또 새로 살 집의 그림과 함께 이런 글귀도 적었다. "신성한 지성은 우리의 필요를 알고, 적절한 집이 어디에 있는지 알고, 그것을 적시에 우리에게 주는 방법을 알고 있다." 이사와 재적응으로 과도기를 겪을 아내를 돕기 위해 아내의 사진을 붙이고 그 밑에 이렇게 적었다. "아내는 이제 신성한 지성과 신성한 사랑에 의해 동기를 부여받았다. 그녀는 이제 모든 경험에서 완벽한 건강, 행복, 풍요, 성공으로 나타나는 신성한 힘의 인도를 받고 있다." 믿음 안에서 새로운 경험으로 나아갈 수 있는 능력을 나타내기 위해 행운의 수레바퀴에 문 그림을 붙이고 그 아래에는 이렇게 적었다. "하나의 문이 닫히면 더 크고 더 좋은 문이 열린다."

'사교'와 '휴식' 면에는 모래사장이 있는 바다 그림을 배치하고 그 아래에 기도를 적었다. "우리는 신성하게 계획된 휴가를 신성하게 계획된 조건에서 보낼 수 있어 감사하다." 그는 자신의 부를 위해 다음과 같은 말을 덧붙였다. "나는 이제 신성한 지성의 인도를 받아 모든 재정 문제에서 신성한 질서가 확립되고 유지된다."

그런 다음 그림과 글귀가 적힌 행운의 수레바퀴를 혼자서 볼 수 있는 곳에 두고 매일 들여다보았다. 간단한 글귀와 그림들은 심상화의 효과를 높이는 데 도움이 되었다. 몇 주 후 그는 이직에 성공하고 승진을 하게 되었다! 엔지니어링 경력을 쌓은 이래 처음으로 부사장에게만 보고하면 되는 행동의 자유를 누리게 되었다.

현재 살고 있는 집이 팔릴 것이라는 확신이 들자 아내와 함께 멀리 떨어진 새 근무지로 가서 곧바로 완벽한 집을 찾았다. 그런 다음 이사 날짜를 정하고 집이 팔릴 것이라고 확신하는 날짜에 맞춰 가구를 옮길 준비를 했다. 그들은 집이 판매되는 날에 맞춰 비행기 좌석을 예약할 정도로 믿음을 가지고 있었다.

자신 있게 날짜를 정하고 계획을 세우고 나니 예상했던 모든 일이 제때제때 이루어지기 시작했다. 집은 예상한 시기에 팔렸고 가구는 계획한 날짜에 맞춰 새집으로 옮겨졌다. 새로운 곳에 정착한 뒤에는 행운의 수레바퀴에 작성한 대로 해변을 따라 모래사장이 있는 아름다운 열대 지역으로 휴가를 떠났다.

이 엔지니어는 청사진을 가지고 작업을 하면서 이미 알고 있던 사실, 즉 결과는 계획한 다음 시각화해야만 생생한 현실이 될 수 있음을 심상화의 힘을 통해 증명했다.

나폴레옹도 심상화를
사용했다

이 이야기를 그저 한 사람의 상상력으로 치부하기 전에, 역사상 가장 강력한 인물 중 한 명도 행운의 수레바퀴를 사용해 많은 전투를 승리로 이끌었다는 사실을 알려주고 싶다. 나폴레옹은 전투를 벌이기 수개월 전부터 병사들을 움직일 다양한 전략을 나타내는 색색의 깃발을 그려 넣은 거대한 지도를 가지고 있었다. 그는 자신의 욕망과 계획을 적어 보이지 않는 영역에서 그것을 명확히 하고 행동으로 옮겼다. 역사가들은 나폴레옹이 전투가 벌어지기 두 달 전부터 1,000킬로미터 떨어진 곳에서 행군의 거리와 순서, 두 군대가 마주치게 되는 장소, 예상되는 적의 움직임과 공격, 실수까지 세세하게 재현할 것을 지시했다고 한다! 하지만 나폴레옹은 강력한 기법을 파괴를 목적으로 사용했기 때문에 워털루 전투의 결과를 맞이하게 되었다.

심상화는 생각의
흐름을 바꾼다

전혀 손이 닿지 않을 것 같은 무언가를 간절히 원한다면

부를 끌어당기는 기본 법칙

행운의 수레바퀴를 만들어라! 그것은 당신의 생각과 기대의 흐름을 '나는 가질 수 없다'에서 '나는 가질 수 있다'로, 절망에서 희망으로, 낙담에서 격려로, 실패에서 성공으로 바꾸는 강력한 아이디어다. 인생의 모든 영역을 위한 행운의 수레바퀴를 만들고 싶지 않다면, 지금까지 당신을 비껴갔던, 살면서 가장 경험하고 싶은 한 가지, 당신의 가장 큰 욕망을 위해 그것을 만들어라. 내 친구 중 하나는 행운의 '속성' 수레바퀴를 만들어 한 달 동안 필요한 것들에 관한 그림과 문구를 붙인다. 그녀는 즉시 나올 결과를 기대하면 마음이 훨씬 빨리 움직여 금방 결과를 만들어내는 반면, 장기적인 행운의 수레바퀴를 만들면 자극이 충분하지 않아서 아무것도 할 수 없다고 한다.

욕망의 노트를
만든다

커다란 행운의 수레바퀴를 만들 여유가 없다면, 내가 아는 교사가 늘 가지고 다니는 노트를 한번 만들어보는 게 어떤가. 그녀는 자신이 원하는 물건의 사진과 문구를 잡지에서 오려서 노트에 붙였다. 하루 일과 중 휴식을 취할 때 욕망의 노트를 훑어보며 심상화의 힘과 기대를 북돋우고 최선을 다해 일했다. 주변 사람들은 그녀가 무엇을 하고 있는지 알지 못했고, 그녀는 이 간단한 방법으로 우울해지거나 낙담하거나 의심하는 것을 피할 수 있었다.

구체적으로
심상화하기

심상화 능력을 사용하여 놀라운 결과를 얻은 한 전업주부는 원하는 결과를 구체적으로 심상화하기 위해 오랫동안 노력해야 한다는 말을 자주 하곤 했다. 그러나 완전한 결과를 구체적으로 상상할 수 있게 되면 곧 그 결과가 나타난다는 사실을 알게 되었다. 매일 자신의 욕망을 가능한 한 많이 상상하는 것이 시간과 노력을 들일 가치가 있는 일임을 깨달은 그녀는 점차 전체적인 그림을 상세하게 심상화할 수 있게 되었다. 그렇게 되면 결과를 얻기 위한 물리적인 행동은 거의 취할 필요가 없다. 결과는 자연스럽게 성취되는 경우가 많다.

나는 심상화 법칙이 부의 법칙 중에 가장 매력적이라고 생각한다. 심상화 능력을 더 많이 계발할수록 온 세상이 당신에게 상냥하게 다가와서 당신의 욕망을 기쁘게 실현해주는 것처럼 보일 것이다.

당신은 끊임없이
심상화를 하고 있다

상상력에 대한 강의를 하자 매우 '독선적인' 한 여성이 자신은 "심상화를 믿지 않는다"며 "정신력일 뿐"이라고 분개했다. 나는 그녀에게 사람은 머릿속에 떠올린 심상을 통해 생각하기 때문에 자신이 원하든 원하지 않든, 끊임없이 이미지를 만들어낸다고 설명하려 했다. 그것은 자연스러운 정신 활동이다. 하지만 여성은 분개해 황급히 강의실을 나가버렸다. 나중에 나는 그녀가 경제적으로 힘든 시기를 보내고 있다는 말을 들었다.

결국 그녀는 상담사에게 자신의 재정 문제에 관해 말하게 되었고, 상담사는 이렇게 조언했다. "당신이 마음속 이미지들을 바꾸지 않는 한 계속 재정 문제에 시달릴 것입니다. 재정적 결핍에 대해 생각하고, 말하고, 상상하면서 당신의 마음이 당신이 상상하고 있는 것을 만들어내고 있어요. 그 이미지들을 바꿔서 풍요에 대해 생각하고, 말하고, 상상하면 그것을 가질 수 있습니다." 절망적인 상황이었던 여성은 풍요로운 결과를 심상화하기 시작했다. 그러자 곧 풍요로운 결과가 나타나기 시작했다. 얼마 지나지 않아 그녀는 태도를 완전히 바꾸었다. 재정적 어려움을 끊임없이 호소하는 바람에 모두가 피했던 그녀가 아름다워

지고, 부유해지고, 누구와도 잘 어울리는 사람이 되어 모
두의 사랑을 받게 되었다.

이타적인 심상화를
하는 방법

우리는 앞의 여성이 말한 정신력으로 타인의 선을 빼앗는
심상화를 할 수도 있다. 타인의 것을 끌어당기는 심상화
는 화를 부른다. 타인의 것은 타인의 신성한 권리로 우리
의 것이 아니다. 만약 그것이 우리의 것이었다면, 애초에
우리에게 주어졌을 것이다. 내 것이 아니기 때문에 그것을
얻는다 해도 내게는 아무런 유익이 되지 않는다.

　다른 사람의 복을 탐낼 필요는 없다. 타인의 복은 내
가 가져도 나를 만족시키지 못하기 때문이다. 타인의 것은
나의 필요를 충족시킬 수 없다. 타인이 가진 것 중 갖고 싶
은 것을 보았을 때 그것을 탐내거나 심상화를 통해 끌어
당기려고 하지 말라. 타인의 것이 매력적으로 보이는 것은
비슷한 선이 당신에게도 다가오고 있다는 신호이며, 당신
도 그것을 가질 수 있음을 깨달아야 한다.

　마찬가지로, 당신이 경험하고 싶지 않은 것을 다른 사
람이 경험하는 모습을 심상화해서도 안 된다. 당신이 내보

내는 정신적 이미지는 필연적으로 당신에게 되돌아오기 때문이다. 자기 자신뿐만 아니라 타인을 위해서도 건강, 부, 행복을 심상화하는 것이 좋다.

재정적 문제가 해결되는 것을 심상화하라

하루를 시작하거나 마무리할 때, 계획과 메모를 작성할 때 잠시 시간을 내어 명확한 형태로 심상을 떠올리는 습관을 들여 부와 성공을 위한 심상화 능력을 매일 계발하는 것이 좋다. 만약 당신에게 지불해야 할 청구서가 있다면 메모를 작성한 후 조용히 앉아서 지불할 사람에게 이체하는 특정 금액을 상상하라. 특정 금액이 필요한 경우, 필요한 금액이 표시되어 있는 통장을 상상하라. 당신의 상상력은 명확한 그림을 만들어내는 것을 좋아하는데, 잠재의식은 이를 감사히 받아들이고 명확한 결과를 만들어내기 위해 분주하게 움직이게 된다.

사실, 당신은 늘 상상력을 사용하고 있는데, 부족한 돈이나 실패 등 인생에서 원하지 않는 것들을 예상하는 데 사용해왔던 것이다. 지갑을 들고 앉아라. 조용히 눈을 감고 고액지폐로 배가 불룩한 지갑을 떠올려라. 계좌에 거액의 돈이 입금되는 모습을 상상하라. 경험하고 싶은 모든 좋은 것들을 심상화하고, 심상화하고, 또 심상화하라.

극심한 재정난에 시달리다가 더 이상 궁핍을 견딜 수 없었던 사업가가 있었다. 심상화의 힘을 깨달은 그는 큰 액수의 '장난감 돈'을 사서 지갑에 넣고 지갑을 열 때마다 그 지폐를 봤다. 곧 그는 많은 돈이 들어 있는 지갑의 이미지를 받아들였다. 그 이후로 그는 자신의 필요가 충족되지 못할 만큼 궁핍한 상황에 처한 적이 없었다고 한다.

여행을
심상화하라

세계 여행을 하고 싶을 때 심상화의 힘을 떠올린 친구가 있었다. 그녀는 세계 지도가 그려진 옷을 구입했다. 그녀는 떠날 생각을 하며 그 옷을 자주 입었다. 얼마 지나지 않아 누군가 그녀에게 여행 기금을 모으자고 제안했다. 기금은 점점 늘어났고, 그녀는 여행사 상담 끝에 유럽 여행을 떠나기로 결정했다. 세계 지도가 그려진 옷을 입기 시작한 지 6개월도 지나지 않은 시점에 유럽 여행을 떠날 수 있었다. 그 후로도 그녀는 '세계 여행 옷'을 자주 입었다. 그 결과 세계 곳곳을 여행할 수 있게 되었다.

아름다워지고 건강해지는
자신의 모습을 심상화하라

개인적으로 원하는 옷차림, 외모, 행동, 반응을 심상화하라. 다른 사람들이 성공하고 부유해지는 모습을 심상화해 그들에게 성공과 아름다움을 선물하라. 나는 사람들이 아름다운 옷을 입고 있는 모습을 떠올려 그들에게 아름다움을 선물한다. 그들은 금세 내가 상상했던 모습으로 나타나서 나를 놀라게 한다.

당신이 심상화의 힘을 더 많이 사용할수록 당신의 마음도 더 기쁘게 일한다. 당신이 의식하든 의식하지 못하든 당신은 머릿속으로 끊임없이 이미지를 떠올리고 있다. 그러니 의식적으로 심상화의 힘을 통제해 당신의 신성한 권리인 건강과 부, 행복을 만들어내는 게 어떨까?

진정한 욕망을
심상화하라

앞에서 언급한 내용을 다시 상기하자. 심상화를 할 때 타협하지 말라. 가질 수 있다고 생각하는 것이 아니라 진심으로 원하는 것을 상상하라. 머릿속에 떠오른 이미지에서 벗어나려는 의지와 이성에 주의를 기울이지 말라. 당신이 먼저 진심으로 원하는 이미지를 떠올려 상상력을 통제하면, 당신의 상상력은 곧 당신이 원하는 대로 움직여줄 것이다. 당신의 상상력에 진심이 아닌, 대충 떠올린 이미지를 던져주면 결과도 그렇게 나온다.

그렇게 나온 결과들은 만족스럽지 않기 때문에 처음부터 다시 진심으로 원하는 것을 심상화해야 한다. 그러니 처음부터 제대로 해서 두 번 일하지 말자.

심상은 조건을 만들지만, 그 심상을 만드는 일은 당신의 몫이다. 이 사실을 깨닫고 나면 고군분투하거나 억지로 좋은 일을 만들려고 애쓸 필요가 없다는 사실을 깨닫게 된다.

인간은 상상하는 대로 되는 존재이며, 지속적인 상상으로 무엇이든 재구성하거나 창조할 수 있다! 하지만 내 말을 믿기만 해서는 안 된다. 모든 힘들 중 심상화의 힘이 가장 유쾌하고 강력한 힘이라는 사실을 발견한 사람들과 함께하자.

부를 끌어당기는 기본 법칙

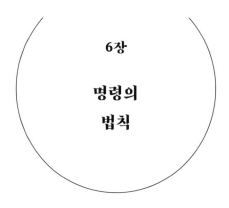

6장

명령의 법칙

셰익스피어는 말했다. "인간의 일에는 파도가 있고, 만조 시에 파도를 잘 타면 행운을 만나게 된다." 당신이 만든 목록과 머릿속 심상을 통해 쌓아둔 만조 같은 선의 기회를 명령의 법칙으로 쏟아지게 만들 수 있다.

명령의 법칙은 통치의 열쇠다. 명령이라는 단어는 권위 또는 통제권을 가진다는 뜻이다. 권위 있는 태도로 인생에서 경험하고자 하는 선을 통제할 수 있다.

많은 사람들이 보잘 것 없는 자신 앞에 우뚝 솟은 산처럼 인생을 올려다본다. 명령의 법칙은 당신이 그 산의 정상으로 올라가서 권위와 통제력을 가지고 세상을 바라볼 수 있도록 도와주며, 이는 곧 결과로 이어진다.

명령의 법칙의 비밀은 이렇다. 경험하고 싶은 것을 긍

정적으로 말하는 것만으로도 상황의 흐름을 바꾸어 빠르고 쉽게 좋은 결과를 만들어낼 수 있다. 우리가 상황을 통제하고 높은 기대가 실현되도록 명령할 때 얼마나 빨리 그 문이 열리는지 보면 놀랍다. 명령의 법칙은 새로운 것이 아니다. 창세기에서 여호와는 명령, "~가 있으라 하시니 ~가 있었고"로 세상을 창조했다.

명령의 법칙은 사용하기 쉬운 법칙 중 하나다. 욕망을 목록으로 작성하고 그 욕망이 성취되었다고 상상한 다음, 그 욕망의 실체를 말로 풀어내는 명령으로 에테르들을 행동하게 할 수 있다.

당신은 말로
명령한다

당신은 지금도 끊임없이 명령을 내리고 있기 때문에 명령의 법칙을 사용하고 있는 셈이지만, 잘못된 명령으로 원하지 않는 결과를 불러올 때가 많다.

오른팔에 문제가 있는 남자가 있었다. 병원에서 검사는 받았지만 의사가 별다른 이상은 없다고 했다고 한다. 말의 힘을 알고 있던 이 남성은 결국 자신이 "할 수만 있다면 제 오른팔을 주고 싶네요"라고 계속 부르짖고 있었다는 것을 알아차렸다. 그 표현을 더 사용하지 않았더니 오른팔이 원래대로 돌아왔다.

발과 다리에 문제가 있어 치유가 절실해 보이는 여자도 있었다. 의사는 그녀를 위해 할 수 있는 모든 것을 다 해보았지만 완전히 치유되지는 않았다. 어느 날 그녀가 내게 말했다.

"제가 답을 알았어요! 최근에 새로운 사업을 시작했는데 아직 성공하지 못했습니다. 바보 같지만, "재정적으로 두 발로 일어설 수만 있다면"이라는 말을 반복했어요. 그 말을 할 때만 해도 몸이 멀쩡했는데, 곧 발에 문제가 생기기 시작했습니다. 제 무의식이 제 말을 심각하게 받아들여서 발을 잡고 있었던 게 분명해요. 제가 무심코 내뱉은 말들로 명령하고 있었네요. 이제 그 말을 바꿔서, 재정적으로 안정되었고, 제 두 발로 일어섰다고 선언하겠습니다."

그녀는 금세 신체적·재정적 독립을 이루어냈다!

인간의 정신을 공부하는 사람들은 항상 말의 힘에 대해 배웠다. 이집트, 인도, 페르시아, 중국, 티베트의 정신적 지도자들은 제자들에게 건설적인 말을 하고 싶을 때만 말을 하라고 가르쳤다. 공허한 말의 위험성을 알고 있던 그들은 어떤 말을 하는 것이 현명한지 판단하는 기준을 세웠다. 그 말이 사실인가? 친절한 말인가? 꼭 필요한 말인가? 사실이라 하더라도 친절하지 않다면 당연히 불필요한 말이다!

재정적인 문제를 안고 있던 수백 명의 사람들을 상담하면서 나는 명령의 법칙을 단순히 알기만 하고 사용하지 않으면 문제가 해결되지 않는 경우가 열에 아홉이라는 사실을 발견했다. 매일, 의식적으로, 의도적으로 자신이 원하는 선을 주장하기 시작할 때, 명령이 그 선을 불러낸다.

확언은 명령의
한 형태다

오늘날 우리는 '확언'이라는 말을 많이 듣는데, 이는 명령의 한 형태다. 매일 하는 확언이 선을 창조하는 명령의 법칙을 실천하는 매우 간단한 방법임을 많은 사람들이 증명하고 있다.

'확언하다'라는 단어는 확고하게 한다는 뜻이다. 원하지 않는 것에 대해 지속적으로 이야기하지 않고, 원하는 것을 확언하거나 선언하면 그것이 내 마음과 보이지 않는 에테르 속에서 확고해지기 시작한다. 원하는 선을 계속 확언하면 그것이 눈에 보이는 결과로 나타난다.

당신은 말로 당신의
세상을 만든다

말의 힘을 과소평가하지 말라. 말이 당신의 세상을 만들고 있다. 불화, 결핍, 제약, 어려움에 관한 말들로 만든 당신의 세상이 마음에 들지 않는다면, 당신의 말과 명령을 바꿔서 무한한 선과 부가 펼쳐지는 새로운 세상을 만들 수 있다.

내 강의를 들은 사람들은 명령의 법칙이 풍요로운 결과를 만드는 가장 쉽고 빠른 방법 중 하나라는 사실을 알게 되었다. 그들은 자신의 필요를 채워주는 긍정적인 확언을 하루에 세 번 5분 동안, 총 최소 15분간 구두로 반복해서 선언했다. 소리 내어 말할 수 있는 환경이 아니면 수십 번 반복해서 손으로 썼다. 그들이 자주 사용한 명령문 중 하나는 다음과 같다. "나는 모든 사람들의 최고이자 최선을 사랑한다. 나는 이제 최고이자 최선인 사람들(고객, 거래처 등)을 나 자신에게 끌어당긴다."

업무에 도움이
되는 확언

철도청에 근무하는 직원은 업무에 도움이 되었던 명령문

에 대해 알려주었다. 그는 지금까지 아무도 고치지 못했던 엔진을 수리해 달라는 요청을 받았다. 어떤 정비사도 그 엔진을 수리하지 못했다는 소식을 들은 그는 불안해졌다.

그는 명령의 법칙을 떠올렸다. 수리 작업을 시작하기 전에 조용한 곳으로 자리를 옮겼다. 지갑에서 꺼낸 다음의 문구를 여러 번 되뇌었다. "신의 지혜는 지금 나를 공정과 평화, 진정한 성공의 길로 인도합니다." 문구를 생각하며 평화와 자신감으로 마음을 채우고 있을 때, 지나가는 동료가 무엇을 하고 있느냐고 물었다. 그는 엔진 수리 '계획'을 검토하고 있다고 대답했다. 그러고 나서 그는 엔진을 신속하게 수리했다. 아까 그 동료가 그를 찾아와 그가 사용한 '계획'의 사본을 달라고 요청했다!

어느 우체국 직원은 효율성 시험을 앞두고 있었다. 그는 시험을 두려워하지 않고 통제하기로 결심했다. 그는 "신의 지성이 지금 내가 알아야 할 모든 것을 보여준다"라고 반복해서 선언했다. 시험은 쉬운 편이었고, 그는 시험을 통해 자신이 가장 효율적인 직원임을 증명해냈다.

뉴욕에 사는 한 남성은 최근에 앞서 언급한 여러 명령문을 사용했다. 그는 내가 쓴 기사를 읽고 자신이 어떤 결과를 얻었는지 전해주었다.

명령의 긍정적 힘에 대해 읽을 당시, 사업은 매우 불확

실한 상태였습니다. 임대료 없이 무상으로 쓰고 있던 사무실을 비워줘야 했죠. 편리한 사무실을 합리적인 가격에 구할 수 있었지만, 새로운 사업 아이디어는 떠오르지 않았습니다. 전에 계획했던 라디오 프로그램 제작을 진행하기로 마음을 굳혔지만 어디서 자금을 어디서 조달할지 막막했습니다. 개인적으로 갚아야 할 돈과 사업상의 부채도 있었고요.

그러던 중 출근길 지하철에서 부와 성공에 대한 구체적인 확언 문구가 담긴 당신의 기사를 읽었습니다. 저는 기사에 있던 모든 확언을 사용했고, 사무실에 도착한 뒤에도 그 확언들을 옮겨 적으며 계속 사용했습니다.

다음 날에는 1년 전에 언제 한번 만나자고 했었던 금융권의 지인에게 (지나가는 말이라고 생각했습니다) 전화를 걸었습니다. 그는 저를 당장 만나고 싶다고 했습니다. 함께 점심을 먹으면서 그에게 제 계획을 설명했고 얼마나 많은 돈이 필요한지 말했습니다. 그는 제 말을 듣자마자 제안에 동의하더니 수익금 분배는 마다하고 대출도 무이자로 해주겠다고 고집했습니다.

정확히 일주일 뒤에 저는 알바니에 법인 설립 신고서를 제출했고, 초기 운영 자금으로 수표를 받았고, 회사의 사장으로 주식 증서에 서명하고 있었습니다!

이런 식으로 그 사업가는 명령의 법칙을 증명했다.

확언은 만족스러운
결과를 가져온다

짧게라도 매일 확언과 명령을 성실하게 실천한 사람은 만족스러운 결과를 얻는다. 반면 매일 조용히 또는 구두로 명령을 선언하지 않으면서 성공하는 경우는 드물다. 성공적인 삶을 이론적으로만 잘 아는 사람 중에서 실제로 증명해 내는 사람은 거의 없었다. 그들은 예외 없이 명령의 법칙을 사용하지 않았다. 그들 중 상당수가 매일 15분 동안 부와 성공을 끌어당기는 말을 하는 것이 '품위 없는 일'이라고 생각했다. 그러나 어려움과 결핍, 재정적 문제에 대해 말하거나 빚을 지고 재정적인 곤란을 겪으며 사는 것을 품위 없는 일로 생각하지는 않았다.

당신은 인생의 높은 길과 낮은 길 중 하나를 선택할 수 있다. 명령의 법칙은 당신을 성공의 왕도인 높은 길로 안내한다. 수년 동안 가난과 실패에 대한 생각으로 찌들어 있던 마음을 풍요로운 생각과 태도, 기대로 채우려면 매일의 도움이 필요하다. 극단적인 상황에서 성과를 내기 위해서는 특단의 조치가 필요한 법이다. 성공과 부를 명확하게 말로 하는 것이 유별나 보이면 어떤가. 가난과 실패를 낳는 생각의 흐름을 부와 성공으로 바꾸고 싶다면 시도해보라.

확언으로 놀라운
일을 할 수 있다

분만실에 들어갈 때 사용할 긍정적인 명령문을 써 달라고 요청한 산모가 있었다. 40세의 나이에 수년 만에 하는 출산이니 문제가 생길 수도 있었다. 나는 그녀에게 명령문을 써주었다. "나는 기쁨과 평안으로 건강한 아이를 출산합니다." 그녀는 분만이 시작될 때 이 명령문을 반복해서 선언했다. 분만에 수반되는 일반적인 고통을 제외하면 실질적인 고통은 거의 없었다.

그런데 잠시 후 의사가 아기의 위치 때문에 둔위 분만이 필요하다고 했다. 산모는 두려워하지 않고 계속 확언했다. "나는 기쁨과 평안으로 건강한 아이를 출산합니다." 잠시 후 의사가 "잠시만 기다려 봅시다. 아기가 위치를 바꾸고 있는 것 같아요. 정상적으로 출산할 수 있겠네요"라고 말했다. 그녀는 무사히 건강한 아이를 출산했다.

다른 사람들과 함께
확언하라

자신의 명령에 상황이 즉각적으로 반응하지 않으면 적어도 한 명 이상의 다른 사람과 함께 확언의 힘을 사용하는 것이 좋다. 당연히 그 사람도 당신이 달성하려는 목표를 지지하고, 확언의 힘을 믿는 사람이어야 한다. 나는 직원들과 함께 다양한 상황에서 명령의 법칙을 즐겨 사용한다. 비서와 나는 우리 일의 완벽한 결과를 위해 자주 확언했고, 때로는 이사회와 다 함께 확언했다. 명령 확언은 언제나 만족스러운 결과를 가져다주었다.

확언을
글로 써라

구두로 조용히 혼자 명령 확언을 할 수 있는 상황이 아닐 수도 있다. 그런 경우에는 확언을 반복해서 종이에 써 보자. 성공한 사업가이자 작가로 강연도 하는 어느 남성은 몇 년 전에 명령의 법칙을 알게 된 후 어떻게 했는지 들려줬다. 그는 자신이 하는 일에 불만이 많았다. 다른 분야로 진출해 더 많은 보수를 받고, 자유롭게 일과 관련된 글을

부를 끌어당기는 기본 법칙

쓰고, 강연하고, 여행을 다니고 싶었다. 그는 몹시 마른 상태였고 건강도 좋지 않았다. 가정은 불행했고 관계는 화목하지 않았다. 사실 남성의 세상은 모든 면에서 개선이 필요했다. 명령의 법칙이 모든 것을 바꿀 수 있다는 확신이 들었지만, 가족들이 '새로운 아이디어'를 시도하는 데 관심이 없어 혼자서 조용히 확언해보기로 했다.

그런데 이마저도 여의치 않자 글로 확언을 쓰기로 했다. 그는 매일 밤 예리하게 깎은 연필과 종이를 들고 조용히 방으로 들어갔다. 그곳에서 마음 깊이 각인하고 싶은 문장 하나를 수백 번씩 썼다. 자신의 건강과 부, 행복에 관한 문장이었다. 유난히 바빴던 어느 날 그는 하루를 마무리하면서 동업자와의 의견 차이를 완벽하게 해결하는 확언을 수백 번이나 썼다.

그날 밤 그는 잠자리에 들면서 "내 인생에는 좋은 일만 생긴다"라고 조용히 반복해서 확언했다. 다음 날 아침 이른 시간에 동업자에게서 그의 사업 지분을 인수하고 싶다는 전화가 왔다. 두 사람은 원만하게 인수 가격을 합의했고 거래는 신속하게 마무리되었다. 그 후 그는 자신과 가족을 위해 더 나은 삶을 꾸릴 수 있는 자유를 얻게 되었다. 살이 붙으면서 건강도 좋아졌고 나중에는 다이어트를 해야 할 정도가 되었다. 아내는 결혼 전에 하던 일과 비슷한 일을 찾았고, 새로운 활동은 두 사람에게 자유와 성취감, 화목을 가져다주었다.

　이 모든 것은 그가 당장의 상황에 초조해하지 않고 자신이 바라는 모습을 수백 번씩 써내려가면서 시작되었다.

건강을
확언하라

한 친구는 긍정 확언이 건강을 되찾는 데 어떻게 도움이 되었는지를 들려줬다.

　친구는 의사에게서 3개월 정도밖에 살지 못한다는 통보를 받고 큰 수술을 했다. 다행히 친구의 남편은 인간의 몸이 생각에 얼마나 민감하게 반응하고, 태도에 어떻게 긍정적 또는 부정적으로 반응하는지 알고 있었다.

　집으로 돌아온 친구에게 남편이 말했다. "당신은 앞으로 3개월 살 수 있다는 말을 들었어. 그 말을 받아들이고 죽을 수도 있고, 거부하고 살 수도 있어. 하지만 살고 싶다면 두 가지를 실천해야 해. 첫째, 수술과 병원에 관한 이야기는 더 이상 하지 마. 지난 일이니 잊어버려. 둘째, 삶에 대해 생각하고, 삶을 긍정하고, 살기를 기대해야 해."

　그런 다음 남편은 친구에게 매일 "신성한 건강이 지금 나를 위해, 내 안에 나타나게 하소서"라고 확언하라고 했다.

그녀는 이 간단한 명령어를 무의식적인 습관이 될 때까지 하루에도 몇 번씩 사용하기 시작했다. 친구나 이웃에게 전화가 오면 남편은 이렇게 말했다. "우리는 수술이나 병원 얘기는 안 해요. 다 지난 일이니까요. 아내는 지금 건강하게 잘 지내고 있습니다."

그게 22년 전의 일이다. 그 이후 친구는 단 하루도 아픈 적이 없었다!

왜 부에 관한 책에서 치유에 관한 이야기를 하는지 궁금할 것이다. '부'라는 단어에는 주어진 목표나 원하는 목표를 이루거나 성공한다는 의미가 담겨 있다. 심리학과 정신의학 분야에서도 마음이 질병을 일으키거나 건강을 개선하는 등 신체에 놀라운 영향을 미친다는 의견에 동의하고 있다.

확언은 매력적이며
영감을 준다

전 세계는 명령의 법칙을 갈망하고 있고 이에 매료되어 있다. 한번은 대학생들에게 사람들에게 제공하는 다양한 명령문들을 보여줬다. 십여 개의 확언 문구를 보여주면서 어떤 상황과 문제에 적용되는지 설명해주었다.

강의를 마칠 무렵, 자세히 살펴보고 싶으면 확언 자료를 가져가도 좋다고 했다. 강의가 끝나자 학생들은 놀라울 정도로 황급히 달려 나와 모든 확언 자료를 가져갔다! 그날 오후에 있는 시험이 걱정된다는 학생에게는 새 확언을 만들어 주었다. 다른 학생들도 남아서 확언을 적어 달라고 내게 부탁했다.

어느 사업가는 확언이 다양한 방식으로 삶과 업무에 도움을 준다고 했다. 그는 이렇게 증언했다.

확언의 힘이 말 그대로 제 생명을 구해준 것 같습니다. 6개월 전 자살을 고민하고 있을 때 우연히 강사님의 강연을 듣게 되었고 명령의 힘에 대해 처음 알았습니다. 믿어지지 않았지만, 결혼 생활뿐만 아니라 재정적으로도 절망적인 상황이었기 때문에 확언을 해보기로 결심했습니다. 어차피 잃을 게 뭐가 있겠습니까?
지금은 확언 덕분에 다시 정상의 자리에 올랐습니다. 확언은 정말 효과가 있어요!
몇 주 전에는 6개월 전의 저처럼 의기소침해 보이는 오랜 친구를 만났습니다. "더 이상 어떻게 살아야 할지 모르겠어. 탈출구는 자살밖에 없는 것 같아. 너처럼 행복하고, 낙관적이고, 승리하는 인생을 살 수 있다면 얼마나 행복할까?" 친구가 말하더군요.

그래서 이렇게 대답했습니다. "나도 몇 달 전까지 그랬는데, 긍정적으로 생각하고 행동하는 법을 배웠어. 덕분에 재기할 수 있었고 지금은 다시 성공의 길로 나아가고 있어." 우울해하는 친구에게 제게 도움이 되었던 확언을 선물했습니다. 많이 사용해서 가장자리가 약간 닳아 있었지만 친구는 고마워하는 표정이었습니다. 최근에 그 친구를 다시 만났는데, 이렇게 말하더군요. "고마워. 네가 준 확언들이 나를 단단히 잡아줬어. 몇 마디 말이 어떻게 한 사람의 인생을 바꿔놓는지 모르겠지만, 확실히 내 인생은 바뀌었어."

매일 확언하고 명령하면 주어진 풍성한 복을 누릴 수 있다. 이보다 더 쉽게 생각을 바꾸고 성공의 왕도로 가는 방법은 없다. 당신은 이미 자신이 되고 싶은 존재가 되었음을 확언함으로써 원하는 존재가 될 수 있다!

이렇게 부자가 되기 위한 3단계 공식을 모두 익혔다. 첫째, 매일 원하는 것을 적어라. 둘째, 성공적인 결과를 심상화하라. 셋째, 성공적인 결과가 나타날 것을 확언하고 명령하라. 이 세 단계를 매일 꾸준히 실천하면, 삶에 좋은 일이 홍수처럼 넘칠 것이다!

7장

**증가의
법칙**

이제 느긋하게 이전 장에서 배운 내용을 즐길 시간이다. 여기까지 읽었다면 지금부터 본격적으로 부를 끌어당기는 생각을 하는 사람처럼 행동하자! 당신은 증가의 법칙을 적용할 준비를 마쳤다.

증가의 법칙은 쉽고 즐겁다.

먼저 모든 사물과 사람을 향한 풍요로운 증가의 태도를 확립하고 유지해야 한다. 다시 말해, 자기 자신이나 타인을 생각할 때 부와 번영, 성공과 승리에 관한 생각이 절로 떠올라야 한다.

자기 자신과 타인을 풍족하고 성공한 부자이자 승리자로 생각하기만 해도 도움이 된다.

누군가와 편지하거나 전화 또는 직접 대면할 때 그 사

부를 끌어당기는 기본 법칙

람에 대해 선한 생각을 더 많이 하라. 상대방을 생각할 때 풍요를 떠올리는 것은 그들이 부유해지는 것을 돕기 위해 큰 걸음을 내딛는 것이다. 상대방은 당신의 풍요로운 생각을 인식하지 못할 수도 있지만, 그것을 무의식적으로 받아들이고 부자가 되는 복을 받게 된다. 그리고 당신에게 부유하고 행복한 방법으로 응답할 것이다!

증가에 대한 생각은
조류를 바꾼다

감옥이 부를 끌어당기는 생각을 하기에 적절한 장소라고 믿지는 않지만, 감옥에 갇혀 있던 한 남성은 자신의 상황에서 최선을 다하기로 결심했다. 그는 모범수로 인정받아 가끔씩 전화 통화를 할 수 있게 되었고, 내게 전화를 걸어 자신의 상황을 말해주었다. 한번은 매우 흥분한 목소리로 교도소 본관 사무실에 에어컨이 필요하다고 했다. 그는 그곳에서 일하는 사람들이 자신에게 친절하게 대해주었다며, 그들이 편안하고 행복하게 지내는 모습을 보고 싶어 에어컨이 설치되는 모습을 상상하고 확언하고 감사했다. 어느 날 그는 마침내 사무실에 에어컨이 설치되었다며, 감옥에서 다른 좋은 일은 경험하지 못했지만, 사무실에 근무하는 사람들에게 좋은 일이 생긴 것만으로 부를 끌어당기는 생각이 어떻게 행복한 결과를 가져올 수 있는지를 알 수 있다고 했다.

자기 자신과 타인을 위해 부를 끌어당기는 생각을 하기 시작하면 엄청나게 빠른 변화를 경험할 수 있다!

결혼한 지 18년이 된 한 여성은 증가의 법칙을 실천했다. 그녀는 결혼 전에 함께 일했던 상사에게서 편지를 한 통 받았다. 그녀가 결혼할 당시 재정적으로 어려운 상황이라 제대로 된 결혼 선물을 해줄 수 없었다는 내용이었다. 그는 이제 성공했으니 때가 되었다며, 18년 지기인 그녀와 신랑에게 멋진 결혼 선물을 우편으로 보냈다!

증가의 법칙을 잘 아는 어느 채권 추심 관리자는 채권을 회수할 때 언제나 증가의 법칙을 활용한다. 작년에 그가 남부 전역에 지사를 보유한 회사의 수금을 주도한 것도 놀라운 일이 아니었다. 그 고객사는 본사에서 조사를 나올 정도의 거액의 미납금이 쌓인 상태였는데, 아무도 이를 회수하지 못하고 있었다.

그는 고객사를 방문하기 전에 이렇게 말했다. "이 돈을 전액 회수할 유일한 방법은 친절하고 정중하며 긍정적으로 대화하는 것입니다. 고객이 스스로 믿음을 회복할 수 있게 도와야 합니다. 고객이 곧 돈을 전부 갚을 수 있다고 우리가 믿어 의심치 않는다는 것을 보여줘야 합니다. 그가 더 많은 돈을 벌게 될 것이라고 생각해야 합니다. 비난은 아무 소용이 없습니다." 그는 고객과 대화할 때 고객을 신뢰하고 있으며, 고객이 채무를 성실하게 갚을 수 있고 또 그렇게 될 것이라고 말했다.

며칠 후, 몇 달간 채무를 상환하지 못했던 고객이 첫 상환금을 들고 그의 사무실로 달려왔다. "며칠 전 아침, 당신이 사무실로 찾아왔을 때 저는 매우 우울한 상태였고, 사업도 실패한 상황이었습니다. 당신이 저를 비난했다면, 저는 즉시 상환을 포기하고 변호사에게 가서 파산 선언을 했을 겁니다. 하지만 당신이 나를 친절하게 대해주고, 사업이 회복될 수 있다는 믿음을 심어줘서 용기를 낼 수 있었어요. 사업은 벌써 회복되기 시작했답니다!" 고객이 말했다.

우리는 늘 증가나 감소의 법칙을
사용하고 있다

평범한 사람이라면 더 많은 음식, 옷, 집, 아름다움, 지식, 여가, 즐거움, 사치, 일에 대한 만족을 원하며, 모든 것이 더 좋아지기를 바란다. 이는 당연한 일이며 신성한 욕망이다. 증가에 대한 욕망은 정상적인 것이므로 비난하거나 억압해서는 안 된다. 이 욕망은 부를 끌어당기는 영적 생각을 통해 신성한 수준의 표현으로 끌어올릴 수 있다.

부정적인 감소의 법칙이 아닌 증가의 법칙을 적용하는 것은 멋진 일이다. 사람들은 타인을 비판하고 비난하고 비하할 때, 마음이 작동하는 원리에 따라 자기 자신에게도 같은 일이 벌어지기를 바란다는 사실을 깨닫지 못한다.

자기 자신이나 타인을 생각할 때 감소의 법칙을 적용하며 시간을 낭비하지 말라. 당신의 생각은 당신의 삶에서 그에 상응하는 경험을 우유에 적신 빵처럼 배로 만들어낼 것이다.

철강 업계가 파업 중일 때 두 명의 전문직 남성은 증가의 법칙의 힘을 증명했다. 한 사람은 카이로프랙틱 의사였는데, 환자들에게 힘든 시기라고 말하지 않고 환자들이 그런 이야기를 하는 것도 듣지 않았다. 그의 사무실은 제철소에서 멀지 않은 파업 지역에 있었고 진료도 대부분 그 지역에서 이루어졌지만, 그는 끊임없이 증가, 부, 성공에 관해 이야기했다. 어느 날 밤 그는 지역 카이로프랙틱 의사 협회의 월례 회의에 참석했는데, 참석자 대부분이 '파업 때문에' 힘든 시간을 보내고 있다고 했다. 마침내 그도 병원 상황에 관한 질문을 받았다. 그는 "그 어느 때보다 잘되고 있습니다. 저는 철강 업계의 파업이든 어떤 때든 어려운 시기라는 말은 하지 않습니다. 부를 끌어당기는 생각이 모든 것을 바꿀 수 있다는 사실을 알게 되었으니까요"라고 대답해 참석자들을 놀라게 했다.

같은 지역에서 활동하던 한 변호사도 증가의 법칙을 사용했다. 법조계에 종사하는 그의 동료들은 경기가 좋지 않아 일거리가 끊겼다고 푸념했다. 그는 동료들의 제한적인 사고에 빠지지 않고 자신의 생각을 확고히 하기로 결정했다.

어느 날 밤, 그는 이렇게 기도했다. "이 제철소들이 저의 주요 고객인 것은 맞지만, 저의 법률적 도움을 필요로 하는 다른 부유한 고객들도 많습니다. 제게 부유한 고객들을 공급해 주실 것을 믿습니다."

당시 그의 가장 큰 수입원은 제철소를 포함한 대기업 네 곳이었다. 곧 나머지 세 곳에서 제철소가 지금까지 맡겼던 일보다 훨씬 더 많은 일을 그에게 의뢰했다! 거의 모든 사람들이 감소의 법칙에 대해 이야기하고 감소하는 결과를 얻던 시기에 그는 풍족한 생활을 누렸다.

증가의 법칙은 여러 간단한 방법으로 실천할 수 있다. 자신과 타인에 대해 말할 때 대담하고 긍정적으로 증가의 법칙을 말한다. 증가의 법칙을 의지하고 행동으로 옮긴다. 증가에 대한 글을 작성하고 풍성한 증가를 심상화하고 확언한다.

타인에게 증가의
법칙을 적용하라

당신이 하는 모든 것은 증가한다는 인상을 주어 모두가 풍족하다는 인상을 받게 해야 한다. 가족, 지인, 사업적으로 얽힌 사람, 친구, 세계 지도자 등 누군가에게 글을 쓰거나 전화를 걸 때, 누군가를 떠올리거나 만날 때 좋은 것이 증가한다는 생각을 전하라. 그들을 위해 선언하라. 대담하게 믿음과 자신감, 증가를 말하라. 말 몇 마디가 누군가에게는 놀라운 효과를 일으킬 수 있다.

최근 퇴역한 육군 장교가 내게 말했다. "몇 년 전 우울증에서 자살 직전까지 갔을 때 당신이 제게 얼마나 큰 도움을 주었는지 몰라요. 당신의 말이 제 생각과 인생의 흐름을 바꾸어놓았습니다." 기억을 더듬어보니, 그 남성에게 했던 말은 몇 마디에 불과했다. "새로운 인생을 시작하기에 늦지 않은 나이입니다. 과거에도 성공하셨으니 다시 성공할 수 있어요. 성공할 능력이 있으신 분이니 인생을 새롭게 시작하세요."

사람들에게 증가의 법칙이 담긴 말을 자주 하라. 당신의 말이 얼마나 큰 의미가 될 수 있는지 당신은 모르겠지만, 결과는 보여줄 것이다.

누군가에 대해 말할 때는 그 사람의 성공만을 이야기

하라. 과거의 실수를 딛고 재기한 사람이 있다면, 그의 과거는 덮어두고 현재의 장점을 부각해서 그의 성공을 도와야 한다. 그렇게 하면 그의 선은 증가하고 당신은 마음이 놓일 것이다.

자기 자신에게 증가의
법칙을 적용하라

자기 자신에게도 증가의 법칙을 적용하라. 자신이 성공하는 중이고 타인의 성공을 돕는 중이라고 느끼기만 해도 증가의 법칙을 실천하는 것이다. 당신의 모든 행동과 말투, 표정에서 성공에 대한 깊은 확신이 드러나야 한다. 마음속 깊이 심긴 풍요를 느낄 수 있다면, 타인에게 당신의 성공을 설득할 필요가 없어진다.

풍요의 정서는 무의식중에 당신으로부터 발산되어 타인에게 전해진다. 사람들은 당신이 발산하는 풍요와 성공, 부의 정서를 의식적으로 또는 무의식적으로 느끼기 때문에 비즈니스 등에서 당신과 거래하기를 원할 것이다.

풍요, 성공, 부의 정서를 느끼기 위해 조용히 노력하는 것만으로도 이전에는 보지 못했던, 부를 끌어당기는 생각을 하는 고객, 비즈니스 동료, 친구를 만나게 될 것이다.

사람들은 무의식적으로 증가의 분위기가 느껴지는 곳으로 이동한다. 사업은 빠르게 확장되고 풍성한 복이 쏟아져 들어올 것이다. 타인을 생각할 때 마음속으로 조용히 증가에 대한 생각을 품으면, 부를 가져다줄 사람을 당신에게 끌어올 것이다.

큰일이든, 사소한 일이든, 적용할 수 있는 모든 일에 증가의 법칙을 적용해보라. 최근 한 주부는 남편이 퇴근 후 집에 돌아오면 매일 "여보, 오늘은 무슨 좋은 일이 있었는지 말해줘"라고 묻는 방법으로 재정적인 어려움에서 벗어날 수 있었다고 했다. 두 사람은 얼마나 많은 좋은 일이 있었는지, 감사할 일이 얼마나 많은지 깨닫고는 놀랐다. 생각의 흐름이 실패에서 성공으로 완전히 바뀌었다. 자기 자신이나 다른 사람들이 부의 정서를 느낄 수 있도록 하는 데 도움이 되는 말은 무엇이든 시간과 노력을 기울일 가치가 있다.

힘든 시기라는
말은 마라

부를 끌어당기는 생각과 말, 행동이 아닌 것은 하지 말라. 부를 끌어당기는 대화가 아니면 어떤 대화도 허용하지 말

라. 부를 끌어당기는 생각과 대조되는 글이나 말은 읽지 말고, 진지하게 받아들이지 말라. 생각의 흐름이 뒤섞이면, 부를 위한 노력을 무력화하는 역류가 생길 수도 있다. 영속적인 부를 얻으려면 과감하게 달라져야 한다!

사람들이 힘든 시기라고 말할 때 그들의 슬픈 합창에 동참하지 마라. 신성한 조정과 균형의 법칙은 보편적인 법칙이며, 부를 끌어당기는 마음으로 균형 요소들이 선하게 작용하는 것을 도울 수 있다. "공기 중에 금가루가 떠다닌다!"라고 선언한 영업사원처럼 지금이 풍성한 복과 위대한 부가 찾아오는 시기가 될 수 있다.

최근 한 영업사원은 힘들다는 말이 어떤 결과를 초래할 수 있는지 지적했다. 그녀의 동료는 끊임없이 부족함, 힘든 시기에 대해 이야기했다고 한다. 그 동료가 판매 할당량을 채우지 못한 것은 당연한 일이었다. 점심시간에 부를 끌어당기는 생각을 하기보다는 실패를 생각하는 사람들과 시내를 돌아다니며 대화했다. 매일 점심 식사를 하고 들어오면 같은 말을 반복했다. "시내의 매장을 전부 돌아봤는데, 장사가 안돼요. 다들 물건을 못 팔고 있어요!" 결과는? 영업사원은 부를 끌어당기는 생각의 힘을 알고 있었기에 힘든 시기라는 말을 수용하지 않았다. 부를 끌어당기는 생각을 한 그녀의 판매 실적은 계속 높아졌고 수수료는 꾸준히 들어왔다. 하지만 힘든 시기에 대해서만 이야기하던 동료는 원치 않는 결과를 얻었다. 어느 날 매장 관리자에게 불려가 풀타임 근무에서 파트타임으로 일하라는 지시를 받았다.

우리는 태도로 가시적인 결과를 만들어낼 수 있고 실제로도 그렇게 하고 있다. 누군가는 이를 잘못된 방향으로 증명한다.

풍부한 아이디어를
떠올려라

찰스 필모어는 저서 『번영*Prosperity*』에서 주변 사람들이 감소의 법칙을 사용할 때 어떻게 증가의 법칙을 사용해야 하는지 보여줬다.

> 눈에 보이는 모든 부의 원천인 영적 물질은 절대 고갈되지 않는다. 항상 당신과 함께 있으며, 당신의 믿음과 요구에 반응한다. 우리의 생각과 말은 겉으로 드러나는 행동에 영향을 미치지만 영적 물질은 힘든 시기에 관한 무지한 이야기에 영향을 받지 않는다. 자원은 언제나 변함없이 공급될 준비가 되어 있다. 당신이 살아 있는 믿음의 말들을 어디에나 있는 에테르에 쏟아부으면 세상의

　　　　　　　　　　　부를 끌어당기는 기본 법칙

모든 은행이 문을 닫아도 부를 얻을 수 있을 것이다. 생각이 지닌 거대한 에너지를 풍부한 아이디어로 바꾸면, 주변 사람들이 하는 말이나 행동에 관계없이 많은 것을 얻을 수 있다!

한 사업가는 어려운 시기를 탓하는 은행원에게 이렇게 말했다. "세상에는 돈과 부가 넘치고, 개발하고 활용할 자원도 풍부합니다. 나를 비롯하여 당신, 그리고 모든 인류를 위한 부와 번영이 풍족하다는 것을 믿어요." 은행원은 "당신은 제가 만난 사람 중 가장 낙관적인 사람이네요"라며 고개를 저었다. 그러고는 사업가에게 상당한 액수의 돈을 빌려주었다. 부를 생각하고 부를 기대하는 사람에게는 부와 번영이 주어진다는 것을 증명해 보인 것이다.

생각, 감정, 관계, 활동을 결핍이 아닌 부에 집중함으로써 당신의 부를 위한 물질을 지키고 올바르게 사용하라. 부유해질 것을 기대하며, 오로지 부의 관점에서 생각하고 말하라. 잡념, 의미 없는 말과 기대는 산발적이고 쓸모없고 빈곤한 결과를 가져온다는 사실을 자주 상기하라. 부에 관한 정신적 이미지를 성공이라는 풍요로운 별에 연결하고 거기에 머물러라.

낙담과 실망을
극복하라

증가의 법칙을 적용하고 감소의 법칙에서 기인하는 파괴성을 피하는 또 다른 방법은 실망하지 않도록 마음을 훈련하는 것이다.

어떤 일이 예상한 시기에 원하는 방식으로 흘러가지 않는다 해도 그것을 실패라고 생각하지 말라. 그것을 받지 못했으니 그보다 훨씬 더 좋은 일이 적절한 시기에 생길 것이라는 굳은 믿음을 가져라.

실패한 것처럼 보이는 이유는 충분히 큰 것을 요구하지 않았기 때문이다. 관점을 넓히고 기대치를 높이면 원래 예상했던 것보다 더 큰 응답이 올 것이다. 실패는 더 크게 태어나려는 성공일 뿐이다. 실패처럼 보이는 것들은 대부분 승리를 향한 과정이다!

서두르지
말라

증가의 법칙을 적용할 때는 부유한 사람은 서두르거나 강요하거나 밀어붙일 일이 없으며, 기회도 부족하지 않다는

부를 끌어당기는 기본 법칙

점을 기억하라. 매일 성공적으로 할 수 있는 모든 것을 신속하게 하되 서두르거나, 걱정하거나, 두려워하지 말고 가능한 한 침착하게 수행하라. 서두르기 시작하면 부를 끌어당기는 생각을 하지 않게 되고 두려움이 생기는데, 이는 실패의 전조다.

성과를 내기 위해 서두르게 될 때마다 잠시 멈춰라. 성취하려는 것의 정신적 이미지에 주의를 집중하고, 당신은 그것을 이룰 수 있다는 데 감사하기 시작하라.

어느 영업사원은 '할 일이 너무 많다'는 생각이 들 때는 아무것도 하지 않는다고 했다. 대신 잠시 휴식을 취하며 커피를 한 잔 마시고 평정심을 되찾는다. 그런 다음에는 평소의 반밖에 안 되는 시간에 두 배의 성과를 거둘 수 있다고 한다.

하지만 부의 법칙에 대해 알지 못하고 끊임없이 나를 재촉하는 사람들 속에서 어떻게 이것이 가능한지 의문이 들지도 모른다. 나도 비즈니스 세계에서 비서로 일했기에 그것이 어떤 상황인지 안다. 또한 부를 끌어당기는 생각의 힘을 사용하는 사람 한 명이 쓸데없이 서두르고 조급해하며 힘을 분산시키는 여러 사람보다 상황을 더 잘 통제할 수 있다는 것도 안다. 그럴 때는 마음속으로 "잠잠하라, 고요하라"라고 외치며 주변의 분위기가 적당한 속도로 진정되는 모습을 지켜보라.

사소한 생각에서
벗어나라

당신을 부당하게 대했던 사람들에게 원한을 품고 시간을 낭비하지 말라.

성공을 향해 가는 과정에서 그런 사람들을 만나게 된다. 성과를 얻지 못하는 사람들은 당신을 평범한 수준으로 끌어내리려 하겠지만, 당신이 그들의 말과 행동에 신경 쓰지 않는다면 그렇게 할 수 없다.

그 누구도 당신이 성공하고 부자가 되는 것을 방해할 수 없다. 누군가의 만류에 마음이 흔들린다면 당신에게는 성공의 문들이 끝없이 열려 있고, 좋은 것을 제공하는 무한한 방법과 수단을 가지고 있음을 기억하라. 하나의 문이 닫히면, 더 크고 좋은 문이 열린다는 사실을 잊지 말자. 반쯤 닫힌 문은 미련을 갖지 말고, 닫히게 내버려두자. 당신을 위해 활짝 열릴 새로운 문을 위해 준비하라.

부를 끌어당기는 생각을 통해 상승하기 시작할 때, 당신을 억누르거나 당신의 이득을 빼앗으려는 타인의 말이나 행동에 실망하거나, 낙담하거나, 속상해하지 말라.

그것은 당신이 드디어 성공하고 있고, 사람들도 그것을 알아차리고 있다는 확실한 신호다. 장기적으로 볼 때 그들이 해를 가할 수 있는 대상은 당신이 아니라 자신들뿐이다.

　이럴 때는 심호흡을 하고 당신의 성공이 나타나고 있다는 사실에 감사하며, 사람들이 당신을 비난하거나 끌어내리려고 하는 것을 칭찬이라고 생각하라. 그들은 당신이 가진 무언가를 남몰래 부러워하고 자신에게 없다고 느낄 것이다. 그 부족함을 예민하게 느끼지 않았다면, 당신에게서 그것을 발견하고 분개하는 일은 없었을 것이다.

8장

부자가 되는 태도

부자들의 삶과 경험을 연구하다 보면 그들이 돈에 우호적인 태도를 가지고 있다는 사실을 알게 된다. 반면에 일반적인 사람들은 돈과 부에는 뭔가 문제가 있다고 생각한다.

어느 클럽의 오찬에 연사로 참석한 적이 있었는데, 그 자리에서 새 병동을 짓는 데 필요한 기금을 모은 병원 임원이 있었다. 그는 "중요한 것은 돈이 아닙니다. 정말 중요한 것은 새 병동에 대한 클럽 회원들의 사랑과 관심입니다"라고 말했다.

그의 말을 듣자마자 '돈이 중요하지 않다면 저 사람은 왜 여기 있는 거지?'라는 생각이 들었다(침묵으로 반응한 다른 사람들도 마찬가지였을 것이다). 이 남성은 어렸을 때 돈을 좋아하지 말라는 잘못된 가르침을 받은 것이 분명했다. 다른 많은 사람들과 마찬가지로 말이다.

사람들은 종종 돈의 중요성을 무시하면서 돈을 벌기 위해 열심히 노력하고 있다고 시인하곤 한다. 이렇게 생각의 흐름을 어지럽히는 언행은 자신들의 노력을 헛수고로 만든다는 것을 깨닫지 못한다. 돈에 대한 생각이 뒤죽박죽 섞이면, 목표도 모호해지고, 결과도 모호해진다.

돈은
신성하다

목사로서 성공적인 삶을 위한 돈의 중요성에 대해 처음 강의했을 때를 잊을 수가 없다. 돈은 신성한 물질이므로 경이로운 존재이고, 올바르게 사용하면 선하다고 말하자 맨 앞줄에 앉아 있던 여성이 숨을 헐떡이다가 의자에서 떨어질 뻔했다. "돈은 신의 선이 표현되는 것이므로 신성하다"라고 말하자 그녀는 거의 기절했다. 부를 얻는 데 관심이 있어서 이 강연을 들으러 온 사람이었지만, 돈이 부의 한 형태라고 하자 큰 충격을 받은 듯했다.

강의가 끝나자 교회의 한 임원이 나를 궁지에 몰아넣었다. "돈이 신성한 물질의 상징이기 때문에 선하다는 건 너무 강한 표현이지 않나요?" 이에 나는 "강하게 표현한 건데 전달이 되었다니 다행이네요. 그런 의도였거든요"라고 대답했다. 그러자 그 임원은 "그렇군요. 하지만 앞줄에 있던 여성분은 충격이 커서 다시 오지 않을 수도 있겠네요"라고 말했다. 나는 "제 말에 충격을 받았다면, 그분도 다른 사람들과 마찬가지로 돈에 대해 잘못된 생각을 가지고 있는 겁니다"라고 대답했다.

나는 내가 부의 영적 원리를 가르치는 목적은 사람들에게 부가 신성한 유산이라는 하나님의 선한 진리를 가르쳐 실패, 가난, 결핍이라는 죄에서 해방되도록 돕는 것이라고 강조했다. 나는 그 과정 자체가 충격이 될 수도 있음을 깨달았다.

그 여성은 다음 강의에 참석했고 맨 앞자리에 앉아 있었다. 의자를 강단 쪽으로 가까이 당겨 앉은 채 부에 관한 충격적인 진실을 고대하고 있었다는 듯 태도에 차이를 보였다!

강연을 여러 차례 듣더니 부에 대해 강경했던 그녀의 태도는 크게 완화되었다. 이후 나를 찾아온 그녀는 처음 강연에 참석했을 때 삶과 일, 재정적인 모든 것이 절망적인 상황이었다고 고백했다. 남편과는 헤어지고, 자녀들은 등을 돌리고, 의사는 신경쇠약증이라는 진단을 내렸고, 직업은 좋았지만 수입이 시원치 않았다. 동료들과는 잘 어울리지 못했고, 이전 직장과 관련된 소송에 휘말려 있었다.

그러나 부와 성공에 대해 관념을 바꾸기 시작하면서 삶의 방식과 태도도 바뀌었다. 얼마 지나지 않아 남편과 재회했고, 아이들과의 관계도 좋아졌다. 신경쇠약 증세도 없어지고 전 직장과 관련된 소송은 법정 밖에서 조용하고 원만하게 해결되었으며, 일에서도 즐거움과 만족을 느끼기 시작했다. 그녀는 금세 다른 사람처럼 변했는데, 모든 것은 돈에 관한 생각을 과감하게 바꾼 그날 밤부터 시작되었다.

사람들은 돈을 버는 능력에 민감하게 반응한다. 돈에 대한 태도가 긍정적이고 우호적일수록 돈을 버는 능력은 좋아진다. 영화 제작자 마이크 토드는 이렇게 말했다.

"파산한 적은 있지만, 가난했던 적은 없다. 가난하다는 건 마음의 상태일 뿐이다. 가난은 일시적인 상황에 불과하다."

돈을 감사히 여기면
부자가 될 수 있다

최근 한 여성은 돈이 악이라는 막연한 생각에서 벗어나고 나서 훨씬 더 많은 돈을 즐길 수 있게 되었다. 예전에는 월급을 받으면 3일 이내에 수중에서 사라졌지만, 이제는 나눔을 베풀고도 여유가 있을 정도라고 한다. 그녀는 내가 아는 가장 후한 사람 중 한 명이다. 또 다른 여성은 "제가 확실하게 배운 것 중 하나는 '돈일 뿐이잖아'라는 말을 해서는 안 된다는 것입니다"라고 말했다. 그녀는 돈을 깎아내리기보다 감사하는 마음을 갖게 되면서 훨씬 높은 급여를 주는 새 직장을 얻게 되었다고 했다. 그녀는 이제 새로운 일과 새로운 급여를 모두 즐기고 있다.

보다 만족스러운 재정 상황을 끌어당기기 위해 돈에 대해 진심으로 호의적인 태도를 기르는 것이 왜 중요한지 궁금할 것이다.

돈은 자신의 창조자인 우주의 지능으로 가득 차 있다. 돈은 돈에 대한 당신의 태도에 반응한다. 감사하는 것은 무엇이든 끌어당기고 경멸하는 것은 무엇이든 밀어내는 것이 마음의 작동 원리이기 때문에 돈도 이 원리에 따라 반응한다. 돈에 대해 호의적으로 생각하면 당신 안에서 돈이 번성하고 증가하지만, 자신의 돈이든 타인의 돈이든 돈을 비판하고 비난하면 돈은 당신에게서 소멸하고 튕겨져 나간다.

이쯤 해서 이 법칙이 기분과 관련하여 어떻게 작용하는지 눈치챘을 것이다. 기분이 좋을 때 같은 돈으로 얼마나 더 많이 구매할 수 있는지 살펴보자. 반대로 서두르거나 기분이 좋지 않을 때 쇼핑을 하면 구매력을 포함한 모

부를 끌어당기는 기본 법칙

든 것에 문제가 있는 것처럼 느껴진다.

당신의 생각이 당신의 세상을 만들기 때문에, 돈을 끌어오려면 돈을 감사하게 생각해야 한다. 나는 수백 명의 사람들과 재정 문제를 나누면서 삶의 요구를 충족시킬 만큼 돈이 충분하지 않은 사람의 경우, 재정 문제에 직면했을 때 돈을 비웃고 비난했다는 사실을 알게 됐다.

삶의 모든 측면이 '완전히 무너져 내렸던' 한 남성과 이야기를 나눈 적이 있다.

그는 건강이 나빴고 실직 상태였으며 극도로 외롭고 불행하다고 했다. 그와 이야기를 나누면서 나는 어떤 마음가짐 때문에 그가 그렇게 딱한 처지에 놓이게 되었는지 알아내려고 노력했다. 그는 자신이 얼마나 어렵게 살아왔는지, 그 과정에서 얼마나 많은 사람과 상황, 사건들 때문에 힘들었는지 털어놓았다. 대화가 무르익자 '워싱턴의 정치인들이 나랏돈을 얼마나 끔찍하게 쓰는지'에 대해 이야기하기 시작했다. 나는 건강과 부, 행복이 찾아오길 바란다면 사람들에 대한 태도를 바꿔보라고 최대한 부드럽게 제안했다. 그는 내 정신 상태가 의심스럽다는 표정을 지었지만, 결국 부를 끌어당기는 생각을 시도해보겠다고 했다.

몇 달 후 다시 찾아온 그는 외모가 너무 바뀌어서 누구인지 한참 생각해야 했다. 그는 환한 미소를 지으며 내 서재에서 나온 뒤에 버스비가 없어서 하숙집까지 걸어갔던 추운 겨울날을 회상했다. 집에 도착해 함께 논의했던 몇 가지 아이디어를 흡수하는 동안 모든 육체적 고통이 사라지는 걸 느꼈다고 한다. 그날 밤 그는 몇 달 만에 처음으로 평화롭게 잠을 잤다.

매일 부를 끌어당기는 생각을 하자 놀라운 일들이 벌어지기 시작했다. 건강이 완전히 회복되었고 새로운 분야의 일을 할 기회도 찾아왔다. 그는 하숙집에서 건강이 좋지 않고 경제적으로 궁핍했던 여성을 만났는데, 부를 끌어당기는 생각에 관한 몇 가지 아이디어를 그녀에게도 전수해줬다고 한다.

그녀의 인생관은 완전히 바뀌었다. 두 사람 모두 비하하는 말보다는 감사하는 말을 하기 시작했고, 시간이 지나자 서로에게 감사하는 마음을 갖게 되었다. 두 번째로 나를 찾아왔을 때는 그 예쁜 아가씨와 결혼하고 싶다고 했다. 나중에 그녀를 소개시켜 줬는데, 그녀는 실제 나이에 비해 더 젊어 보였고 눈부실 정도로 빛났다!

남성은 자신이 평생 돈과 부자들을 비웃으며 살아왔다는 것을 인정했다. 그런 돈의 가치를 얕잡아 보는 행위가 결과적으로 자신의 인생에 파멸을 초래했다는 사실을 이제야 알게 된 것이었다.

부의 황금률

어떤 사람은 자신은 부유하고 복을 받았지만 누구는 돈이 한 푼도 없다는 말을 해서 재정적 어려움을 자초하기도 한다. 그런 사람들은 종종 타인의 어려움에 대해 장황하게 이야기한다. 자신은 풍족하고 다른 사람들은 결핍 속에 살고 있다고 생각하는 것은 작용과 반작용의 법칙에 따라 자신에게도 똑같은 일이 벌어지게 해 달라고 비는 것과 마찬가지다.

자신이 경험하고 싶은 것이 아닌 이상 타인의 재정 문제에 대해 생각하거나 말하지 않는 것이 부를 끌어당기는 생각의 황금률이다.

두 명의 동업자가 회사의 해산 절차를 밟으면서 이러한 진리가 드러났던 사례가 있다. 한 사람은 자신이 모든 것을 얻을 것이고, 법원과 판사가 의심의 여지없이 전적으로 자신의 편을 들어줄 것이며, 상대측은 아무것도 갖지 못할 것이라고 계속 선언했다.

그러나 긍정적이고 공정하며 기도하는 사람이었던 상대방은 사랑과 정의, 공평이라는 신성한 법칙이 관련된 모든 사람에게 최선의 이익이 돌아가는 방식으로 나타날 것이라고 확신하면서 이 문제를 하늘의 뜻에 맡겼다.

고소한 동업자는 변호사와 함께 자신의 소유가 될 것

이라고 확신하는 모든 재산과 금융 자산을 검토하기도 했다. 그는 계속 자신이 부유하다고 생각하면서 상대방은 재정적인 파탄을 맞이할 것이라고 선언했다.

그러나 사실을 심리한 판사는 작은 부동산 하나만 고소인의 재산이라고 판결했다. 주택과 청소 공장 등의 부동산을 포함한 나머지 자산은 상대방에게 돌아갔다. 고소인은 자신은 부유하고 타인은 가난하다고 생각하는 것이 똑같은 일을 자초하는 것과 같음을 증명했다.

돈을 당신의 종으로
만드는 방법

반면에 타인의 돈을 부러워하는 마음은 모든 사람을 위한 공급이 부족하다는 생각을 갖고 있다는 뜻이다. 자신이 가장 큰 관심을 가지는 것을 경험하게 된다는 사실을 기억하라. 타인의 행운이나 많은 유산 또는 재산에 대해 들었을 때 크게 기뻐하고 감사해야 한다. 타인의 신성한 풍요가 모든 인류에게 이용 가능하다는 또 다른 증거다.

돈은 신성한 지능으로 가득 차 있어 당신의 말이나 생각에 귀를 기울이고 반응한다. 한 친구는 돈에 대해 감사하는 태도가 불황기에 어떻게 도움이 되었는지 여러 번 이야기했다. 그녀의 어린 아들은 식료품점에서 돈을 최대한 활용하는 방법을 잘 알고 있었다. 돈이 부족할 때면 그녀는 아들에게 수중에 있는 돈을 전부 쥐여주고 장을 봐오라고 했다. 그러면 아들은 같은 금액으로 다른 사람보다 훨씬 더 많은 물건을 사서 돌아왔다. 아들의 손에 쥐여진 돈은 얼마가 됐든 그를 위해 초과 근무를 하는 듯 보였다!

돈에 대해 긍정적이고 감사하는 태도를 가지면 돈의 노예가 되지 않고 돈을 부릴 수 있다. 당신은 이 우주에 존재하는 모든 형태의 물질을 통달하고 지배하도록 창조되었기 때문에 돈의 노예가 되는 게 아니라 돈을 지배해야 한다. 의도적으로 돈을 감사하게 여기는 습관을 기르고 돈에 감사하며 변명하지 말라.

변명하고 돈을 깎아내린다면, 돈은 이를 알아차리고 당신에게서 떨어져나갈 것이다. 강의에서 이 말을 처음 했던 순간을 결코 잊을 수가 없다. "돈을 감사히 여기고 돈에 감사하는 것에 대해 변명하지 마십시오. 그렇게 하면 어리석은 변명 때문에 돈이 당신에게서 떨어져나갈 것입니다." 청중석에는 큰 지갑을 든 여성이 앉아 있었다. 순간 그여성의 지갑이 열리더니 돈이 바닥으로 흩어지면서 큰 소리가 났다. 모두가 여성이 돈을 찾는 것을 도와주며 한바탕 웃었다. 물론 우리는 그 여성의 기분을 생각해서 그 경험을 농담으로 넘겼다. 하지만 나중에 그녀를 개인적으로 만났을 때는 그녀가 재정적 한계를 절실히 느끼고 있는 것 같아서 마음을 채울 말을 해주었다.

찰스 필모어는 『참된 사순절을 지키자*Keep a True Lent*』에서 이렇게 말했다.

> 돈은 마음을 통해 모든 물질 및 돈의 원천과 연결되어 있으므로 다룰 때 생각을 조심해야 한다. 눈에 보이는 당신의 돈이 눈에 보이지 않는 돈의 근원에 직접적으로 연결되어 있어 당신의 생각에 따라 당신에게 돈을 줄 수도, 주지 않을 수도 있다고 생각하면, 모든 부의 열쇠와 모든 결핍의 이유를 알 수 있다.

은화를 동전으로 착각해 헌금함에 넣은 부주의한 스코틀랜드 사람에 대한 이야기를 들은 적이 있을 것이다. 자신의 실수를 알아차린 스코틀랜드 사람은 은화를 돌려달라고 요청했지만 신부는 그의 요청을 거절했다. 스코틀랜드 사람은 "은화를 헌납했으니 최소한 천국에서 인정받겠군"이라고 투덜거렸다. 그러자 신부는 "아니죠. 동전을 헌납한 것을 인정받을 겁니다"라고 대꾸했다.

불분명한
태도를 버려라

이도 저도 아닌 결과를 가져올 수 있는 불분명한 태도를 버리자.

존 D. 록펠러 주니어는 돈으로 굶주린 사람을 먹이고, 병든 사람을 치료하고, 사막에 꽃을 피우고, 삶을 아름답게 가꿀 수 있다는 말로 돈의 경이로움과 영광을 설명했다. 참으로 지당한 말이다! 솔로몬은 "부자의 재물은 그의 견고한 성이요, 가난한 자의 궁핍은 그의 멸망이니라"라고 선언했다. 돈은 좋은 것이며, 지금 우리가 사는 풍요로운 시대에는 그 어느 때보다 더 많은 돈을 가져야 한다.

세계 평화에 기여하는 돈의 힘을 지적하면서, 여러 나라에서 금융 평화를 이뤄낸 탁월한 업적을 인정해 세계은행 총재를 노벨 평화상 후보로 추천하자고 제안하는 사설을 읽었다. 그 사설의 결론은 이랬다. "현금의 적절한 사용이 세계 평화의 중요 요인이 될 수 있다는 사실을 이제는 인식해야 하지 않을까?"

돈은 경멸해서는 안 되지만, 신격화해서도 안 된다. 돈은 삶, 움직임, 확장, 활동에 대한 욕망으로 가득 차 있다. 그것은 구속되거나 통제되거나 가만히 있는 것을 좋아하지 않는다. 실제로 부를 가져오는 것은 활발한 돈의 순환이며, 불황과 경기 침체는 돈을 쌓아두는 것에서 비롯된다. 국가 경제가 활발한 돈의 순환에 달려 있는 것처럼, 개인의 번영도 활발한 돈의 순환에 달려 있다. 돈을 저축하지 말라는 뜻이 아니라, 돈을 오용해서는 안 된다는 말이다.

특히 돈에 대한 유용한 태도 몇 가지가 있다. 예를 들어, 어떤 일에 대해 "나는 이걸 살 형편이 안 돼"라거나 가난 핑계를 대는 짓은 절대 하지 말라. 이는 가난과 한계를 생산하는 씨앗이다. 특정 재정 문제를 그렇게 해결하는 것은 "지혜로운 방법이 아니다"라고 하는 것이 낫다.

재정적 어려움을 부풀리는 것도 현명하지 않다. 자신의 재정적 어려움에 대한 말을 늘어놓고 다닌다면(실제로 동정심과 관심을 얻기 위해 그렇게 하는 사람들이 있다) 언제나 늘어놓을 재정적 문제가 생기게 된다. 주식으로 부를 일군 어느 사업가는 초기에 막대한 투자를 했다가 큰 손실을 입었다고 한다. 하지만 그는 자신의 아내는 물론 어느 누구에게도 자신의 재정적 손실을 언급하지 않았다. 대신 계속해서 풍요롭게 살았고, 이전의 큰 손실을 통해 얻은 교훈으로 상황을 곧 반전시켜 많은 수익을 거뒀다. 초기의 손실에 대해 공개적으로 이야기한 적이 없는 그는 지금 재정적인 독립을 누리고 있다. 재정적으로 어려운 시기에는 "이 또한 지나갈 것이라고 믿습니다"라고 확언한 다음, 성공이라는 높은 비전을 향해 계속 노력하는 편이 좋다.

주의해야 할 돈에 대한 또 다른 태도는 이렇다. 타인이나 단체에 돈을 기부할 때 필요나 의무라는 생각으로 하지 말라. 이런 생각은 재정적으로 충족시켜야 할 더 많은 필요와 의무를 끌어당긴다. 대신 그들의 부를 더하기 위해 기부하라. 이러한 태도는 주는 사람과 받는 사람 모두에게 더욱 풍성한 기분을 느끼게 한다.

돈이나 다른 재정적 공급을 수령할 때 하는 생각도 중요하다. 모든 형태의 선물을 기꺼이 받아들이고 변명하지 않는 것이 부를 끌어당기는 방법이다. 받을 때 "아, 안 그러셔도 되는데"라고 말하는 것은 선물을 주는 사람과 선물 모두에게 불쾌감을 주는 언사다. 의무가 없는 무상의 선물이라면, 모든 방향에서 오는 돈과 신성한 공급을 환영하라.

내가 아는 한 여성은 큰 부를 얻게 해 달라고 간절히 기도했지만, 사랑으로 베푸는 선물이나 호의를 계속 거절하는 바람에 많은 부의 통로를 닫고 말았다. 자신에게 주어진 선물을 사용할 수 없다면 거절하지 말고 그 선물이 나타내는 너그러운 마음과 함께 받아들인 다음 그것이 필요한 사람에게 기꺼이 넘겨라.

이러한 태도가 적용되지 않는 경우는 누군가가 당신에게 뇌물을 주려 하거나 호의에 의무감을 지우려 할 때다. 진정한 관대함에는 아무런 조건이 붙지 않는다. 그러한 목적이 느껴진다면 거짓 관대함을 당당하게 거절할 수 있어야 한다.

돈을 증명하는
방법

과거 신비주의 종교의 비밀스러운 가르침 중 하나는 돈을 제조하는 방법이었다. 이 비밀을 배울 수 있는 특권을 가진 사람들은 자신이 원하는 금액, 돈의 액면가, 돈의 모양을 구체적으로 머릿속에 그리라는 가르침을 받았다. 또한 이들은 우주의 풍부한 물질에게 상상한 것을 달라고 명령하는 법을 배웠다. "이걸 주십시오"라고 확언하고, 원하는 것이 나타날 때까지 매일매일 반복하라는 가르침이었다.

마음은 전능하며, 당신 역시 이 방법으로 돈, 금융 자산, 풍부한 공급을 요구할 권리와 특권을 가지고 있다. 성공한 많은 사람들이 의식적 또는 무의식적으로 이 방법을 사용했다. 원하는 만큼의 돈에 대한 정신적 그림으로 마음을 채우는 효과적인 확언은 다음과 같다. "모든 재정적 문은 열려 있고, 모든 재정적 통로는 무상이며, (구체적인 금액이) 이제 내게 옵니다."

구체적인 금액을 시각화하여 이에 대한 권리를 주장

하고 이에 대해 기도하면서 자기 자신과 소유에 대해 명확하게 확언하는 것도 좋다. '많은 돈', '풍성하고 즐거운 뜻밖의 재정적 이득', '풍성하면서도 적절한 선물'이 당신을 위해 나타나고 있음을 선언하는 것을 두려워하지 말라. 돈이 당신에게 모호하게 반응하기를 원하지 않는다면, 당신 역시 돈에 대해서 모호하게 말하지 말라.

명확한 용어로 생각하면 명확한 결과를 얻을 수 있는 길이 열린다. "먹고 살 만큼"이라고 말해서 수입을 제한하지 말라. 이것은 가난한 사람의 기도이다.

9장

일, 부로 향하는
강력한 통로

부로 향하는 강력한 통로인 일을 어째서 앞 장에서 다루지 않았는지 궁금할 수도 있다.

주변을 돌아보면 세상은 부유해지기 위해 매일 열심히 일하는 사람들로 가득하지만, 그들 가운데 대다수는 부자가 되지 못하고 있다. 왜 그럴까? 부와 성공에 대해서는 생각하지 않고 무조건 일만 하기 때문이다.

부를 끌어당기기 위한 모든 노력이 실패를 생각하는 사람들과의 교제, 성공의 사다리를 타고 올라가는 타인에 대한 비판과 비난으로 무력화되곤 한다. 부라는 결과를 얻기 위해서는 부를 끌어당기는 아이디어를 동반한 내면의 작업이 선행되어야 한다는 사실을 깨닫지 못하는 것이다. 따라서 앞 장에서 소개한 부의 법칙, 당신이 노력하는 과정에서 응당 얻었어야 할 풍부한 재물과 부의 확장, 지속적인 만족을 끌어당기는 태도를 만들기 위한 노력이 필요하다.

태도는 차이를
만든다

부를 얻기 위해 열심히 일하는 한 비서가 있었다. 그녀는 빚이 많았고 연이어 해고당한 후였으므로 안정적인 일자리가 절실했다. 두 개의 대학 학위를 가진 데다 경영대학원에서 연수를 받은 경험도 있으므로 이미 충분한 교육을 받은 상태였다. 그녀는 겉으로 보기에 함께 일하기 편한 사람처럼 보였다. 하지만 겪을수록 그녀가 세상과 과거 함께 일했던 동료들에게 적대적이라는 사실을 알게 됐다. 또한 가망이 없어 보이는 자신의 재정 문제에 대해 끊임없이 이야기하며 동정을 구했다.

내가 실패에 대한 생각은 접고 부를 끌어당기는 생각으로 사고 전환을 하는 것이 해답이 될 수 있다고 하자 그녀는 분노했다. 편견과 원한, 실패에 대한 기존의 태도를 버리지 못하고 비관적으로 주변 분위기를 무겁게 만들자, 사람들은 결국 그녀에게서 멀어졌다. 마음이 적대적인 생각으로 가득 차니 업무는 불만족스러웠고, 비효율성은 최고조에 달했으며, 일과 고용주 모두 다 싫었다.

이와는 반대로 부를 끌어당기는 승자의 태도가 생산적이고 만족스러운 성과를 가져다준다는 사실을 아는 여성도 있었다. 겉으로만 보면 이 여성은 승자가 가지고 있을 만한 긍정적인 태도를 가질 이유가 없어 보였다.

그녀는 오십이 넘는 나이였다. 남편과 사별했고 자녀나 가까운 친척도 없어서 늘 거의 혼자였다. 그러나 자신의 처지를 실패의 핑계로 삼지 않았다. 그녀는 매우 행복하고 성공한 사람이었다.

심지어 그녀가 판매하는 상품은 대부분의 사람들이 팔 시도조차 하지 않는 묫자리였다! 그녀는 묘지를 대량으로 판매했고, 자신의 주력 상품에 매우 만족해했다. 대부분의 사람들이 오래 생각하지 않고 싶어 하는 상품이지만, 그녀는 상품을 구매한 사람들에게 자신의 열정을 전했다.

그 결과 많은 친구들이 즐겨 드나들 수 있는 편안하고 넓고 예쁜 집과 부동산, 주식, 채권 등의 안정적인 자산, 영업으로 벌어들이는 수입 등으로 안락한 삶을 누릴 수 있었다. 비록 사람들이 구매하고 싶어 하지 않는 상품을 판매했지만, 이 일은 그녀에게 있어 신성한 존재였다.

일은
신성하다

'일'이라는 단어가 갖는 의미는 사람마다 다르다. 이 중에서도 일은 신성하거나 숭고한 것, 또는 놀이, 휴식, 조화로운 환경과 균형을 이루는 만족스러운 형태의 선한 창조 활동이라는 생각은 부를 끌어당기는 생각이다. 칼릴 지브란은 『예언자』에서 일을 '눈에 보이는 사랑'이라고 표현했다.

일이 신성하거나 숭고하거나 재능과 능력의 만족스러운 내적 표현이라는 말에 동의하지 않을지도 모른다. 지금 하고 있는 일이 신성해 보이지 않는다면, 그럴 만한 이유가 있을 것이고 그 이유는 합당하다.

하지만 결과의 원인을 살펴보자. 미국의 철학자 윌리엄 제임스는 90퍼센트의 사람들이 마음의 힘의 10퍼센트만을 사용하고 있다고 말했다. 심리학계에서도 인간은 창조적인 에너지의 발전소라고 믿는다.

부에 대한 욕망과 업무를 통해 자기표현을 하려는 열망은 우리의 삶에서 창의적인 에너지를 표출하려는 시도이다. 인간은 이러한 창조적 에너지를 건설적으로 발산할 수 있는 올바른 길과 태도를 찾을 때에야 비로소 안정과 행복을 느낀다.

그러나 올바른 표현 방법을 찾지도, 올바른 태도를 확

립하지도 못하면 창조적 에너지의 표출은 평범한 수준으로 제한된다. 그렇게 되면 인간은 불행을 느끼고 일을 신성한 축복이 아닌 저주로 바라보게 된다.

많은 사람들이 성공의 사다리 밑바닥에 있을 때 불쾌하다는 생각이 드는 일을 한다. 이때 자신의 일에 어떤 태도와 반응을 보이느냐에 따라 밑바닥에 머물며 자신이 하는 일을 계속 저주할지, 성공의 사다리를 한 단계씩 올라갈지가 결정된다. 때때로 불만족은 높은 목표를 세우고 거기에 도달하기 위해 필요한 모든 것을 하도록 자극하는 긍정적인 기능을 할 때도 있다.

일에 대한 태도를
완벽하게 다듬어라

태도와 반응을 훈련하거나 완벽하게 다듬는 방법에 대해 알아보자.

관점 자체가 잘못되었을 수 있다. 당신은 앞에서 언급한 불행한 비서처럼 모든 것에 분노하고 불공평하다는 생각으로 스스로를 독살하는 중일지도 모른다. 성공의 사다리 맨 아래에 있는 사람들은 보통 자신이 성공하지 못한 이유를 다른 사람 탓으로 돌린다. 그들은 오래전에 일어난 일을 자세히 이야기하며, 여전히 그 일이 문제의 원인이라고 주장한다.

제임스 알렌은 저서 『위대한 생각의 힘』을 통해 하소연과 비방을 멈추고 자신의 삶을 규제하는 '숨겨진 정의'를 찾기 시작할 때 비로소 인간다움을 되찾게 된다고 했다.

불만족을 느낄 때
어떻게 하는가?

현재 상황에 만족하지 않는다면 더 나은 환경을 위해 무엇을 준비하고 있는가? 구체적인 목표가 있는가? 성공을 위해 여가 시간에 야간 강좌 또는 특강을 듣거나, 책을 읽거나, 건설적인 활동에 참여할 의향이 있는가? 대부분의 사람들은 그럴 의향이 없다. 그렇다면 당신은 예외인가?

많은 사람들은 이런 노력 대신 여가 시간에 자신의 업무, 동료, 상사, 나아가 세상을 비난한다. 상대방을 깎아내리면서 자신의 실패와 불만이 드러나지 않을 것이라고 믿는다. 만일 그렇게 하고 싶은 유혹을 느낀다면 생각을 바꿔라.

정치인 밑에서 일하는 어느 비서가 최근 자신이 사무실에서 겪은 부당한 일에 대해 이야기했다. 그녀보다 연차가 훨씬 낮은 직원이 선거 운동 관련 업무를 맡았는데, 그녀는 자기가 적임자라고 생각했다. 선거 운동 관련 업무는 흥미롭고 활동적이었지만, 현재 그녀가 맡고 있는 업무는 부담이 크고 기술이 요구되는 일이었다. 하지만 그녀가 불평하지 않기로 결심하자 모든 상황이 바뀌었다. 이후 선거 운동 관련 업무를 맡았던 그 직원은 전근을 가게 되었고, 그 비서는 자신이 그토록 원했던 업무와 직책을 얻게 되었다!

아르바이트를 하던 또 다른 한 여성은 삶이 불공평하다고 여겼다. 그녀는 건강이 좋지 않았고, 자신을 믿지 못해 우편물을 몰래 열어보는 어머니를 모시고 있었으며, 자신의 일에 만족하지는 않았지만 그렇다고 더 나은 일을 할 자격은 없다고 생각했다. 그녀는 담보가 되지 않고 세를 놓을 수 없는 집, 팔리지 않는 부동산을 가지고 있었다. 자신이 결혼을 못 한 것 또한 부당하게 여겨졌다. 억울함과 불공평을 호소하는 태도가 그녀의 인생 전반에 드리워져 있었다. 그랬던 그녀가 만족을 선언하기 시작하자 인생이 놀라울 정도로 향상되었다. 자신의 제한적인 생각이 스스로를 최악의 적으로 만들었다는 사실을 깨달은 것이었다.

부를 끌어당기는 기본 법칙

목표 달성에
에너지를 집중하라

에너지를 구체적인 하나의 목적에 건설적으로 집중하면 비본질적인 것들은 힘을 잃는다.

사소한 생각, 쓸모없는 인간관계, 나쁜 성질, 건강을 해치고 낙담과 실패를 초래하는 파괴적인 감정은 내가 진정으로 원하는 삶을 떠올리기 시작하면 내 인생에서 설 자리를 잃게 된다.

외적 경험을 통제하는 것은 마음의 내적 작용이므로 내적 변화가 일어나지 않으면 상황은 개선되지 않는다.

명백한 실패나 재정적 어려움을 겪고 있다거나 업무에 불안과 불만을 느끼더라도, 이러한 조건들이 풍요로움에 대한 생각, 재정 계획, 성공과 관련한 정신적 이미지를 떠올리는 데 방해 요소가 되어서는 안 된다.

과학자들의 연구에 따르면 우리는 에너지와 지성의 바다에 살고 있으며, 구하기만 한다면 끊임없이 그 혜택을 누릴 수 있다.

당신의 배는 당신이 내보내야만 다시 돌아올 수 있다.

답은 있다

많은 사람들이 혼란과 불만 속에서 고통을 겪는 이유는, 우리가 살고 있는 세계가 안내를 구하기만 하면 친절하게 응답해주는 최고 지성으로 가득한 우호적인 우주라는 사실을 깨닫지 못하기 때문이다.

구하고자 하는 마음은 건강한 마음이다. 작은 아이디어와 기대에 집착하여 실패와 타협하기보다, 풍부하고 확장된 아이디어를 품고 일하며 가치 있는 결과를 얻는 편이 훨씬 쉽다.

최근 한 엔지니어는 크게 생각하고 큰 결과를 기대하는 과정에서 자신의 일이 진정으로 신성하고 숭고하며 만족스럽고, 보수도 좋다는 사실을 깨달았다고 한다. 과거에는 지금보다 훨씬 작은 규모의 업무를 수행했지만, 부를 끌어당기는 생각을 계속하며 꿈의 직장이 나타나면 응대할 준비도 했다. 그 결과 오랫동안 정신적, 정서적으로 준비를 해왔던 그는 실제로 꿈꾸던 일이 일어나도 놀라거나 평정심을 잃지 않았다.

그가 만족스럽지 않은 직장에서 벗어나 꿈의 직장을 얻기 위해 사용한 방법은 다음과 같다. 그는 작은 검정색 공책을 사서 자신이 생각하는 가장 크고, 풍부하며, 성공적인 아이디어와 관련된 문장을 쓰기 시작했다. 덕분에 그

부를 끌어당기는 기본 법칙

는 생각을 확장할 수 있었고, 불만족스러운 직장에 다니면서도 평화롭고 침착하게 영감을 유지했다. 그 후 그의 인생에서 가장 큰 사건이 벌어졌다.

　그는 공책을 펼쳐 놓고 거기서 발견한 아이디어를 묵상하며 하루를 시작했다. 그날 하루 동안 수행할 다양한 활동을 떠올리면서, "오늘 나의 권리와 완벽한 일이 나를 기다리고 있다"라고 확언했다. 또 업무를 위한 장기적인 청사진을 두고 "나는 지금 옳은 일을 하고 있다"라고도 확언했다. 문제를 처리하기 위한 새로운 아이디어가 떠오를 때는 "나는 지금 일을 완벽하게 추진하고 지탱하는 풍부하고 신성한 아이디어를 열린 마음으로 받아들인다"라고 확언했다. 낙담하거나 속상한 일이 생기면, "아무것도 나를 이길 수 없다. 나는 완벽하고 즉각적인 올바른 결과에 감사한다. 지금 모든 일이 성공적으로 완료되어 기쁘다"라고 확언했다. 압박을 느끼거나 불확실한 상황일 때는 "내 멍에는 느슨하고 내 짐은 가벼워졌다. 나는 많은 것을 성취했으며 위대한 일을 쉽게 성취할 수 있는 신성한 능력을 갖추고 있다"라고 확언했다. 하루를 마무리할 무렵에는 그날 벌어진 사건들을 떠올리기보다는 성공적인 내일을 준비하며 이렇게 확언했다. "나는 평화롭게 잠자리에 들며 성공적인 하루를 보낸 것에 감사하다. 내 몸과 마음을 새롭게 하고, 더욱 성공적인 내일을 위해 준비하고 있음을 알기에 편안하게 휴식을 취한다."

더 나은 변화를
기대하라

현재의 불만족스러운 근무 조건을 바꾸기 위해 고군분투한다고 해서 상황이 바뀌는 것은 아니다. 마찬가지로 실망과 실패의 원인을 타인에게 돌리는 것 역시 상황을 더 나아지게 만들지는 못한다. 따라서 현재의 조건에 저항하지 말고 그 조건이 이미 더 나은 방향으로 바뀌고 있음을 인지하라! 모든 것이 멈춘 듯 보일 때도 우주는 끊임없이 움직이고 있다는 물리학의 원리를 기억하라. 우리의 오감으로는 잘 느낄 수 없지만, 우리는 '운동의 바다' 속에서 살고 움직이며 존재한다. 멈춰 있는 것은 아무것도 없으며, 모든 것은 눈에 보이든 보이지 않든 끊임없이 변화하고 있다. 변화가 더 나은 방향으로 이루어지기를 기대한다면 반드시 그렇게 될 것이다.

변화가 표면적으로 뚜렷하게 드러나지 않더라도 자신의 목표가 비현실적으로 높거나 이상적이어서 실현되기 어렵다고 생각하면 안 된다. 두려움이나 의구심이 생기면 성공적인 느낌과 모습이 전달되는 행동을 하라! 의구심

부를 끌어당기는 기본 법칙

과 두려움을 정복하는 사람은 실패 역시 정복할 수 있다. 지금 당장 당신의 성공이 분명하게 보이든 그렇지 않든, 다른 사람들이 당신이 성공의 길을 가고 있다고 생각하는 것은 큰 도움이 된다. 당신의 성공에 대한 타인의 생각과 기대는 실질적으로 유익하다. 타인의 생각과 기대가 자기 자신의 생각과 기대와 결합할 때 성공적인 결과를 앞당길 수 있다.

채움의
기술

풍요로운 분위기와 성공한 사람들과의 관계 속에서 자신을 채워라. 성공과 부가 내 것이 될 수 있다는 증거가 보이지 않는다면, 은행에 가서 많은 돈을 가진 성공한 사람들을 관찰하라. 아름다운 건물과 상점들의 멋진 환경을 둘러보라. 신과 인간의 풍요가 느껴지는 도시와 부유한 지역으로 가라.

예술가나 지식인 등 재능이 풍부한 창의적인 사람들과 어울리면서 풍요로운 정서를 느껴라. 오페라나 콘서트, 또는 미술관에서 당신이 부자가 된 기분을 느낀다면 그곳으로 가라. 음악을 듣거나 문화적 주제에 대한 강연을 들으면서 영감을 얻을 수도 있다. 유명인의 성공담이나 자서전을 읽는 것도 좋다. 유명한 사람들이 어떤 어려움을 겪고 그것을 어떻게 극복했는지 알게 되면, 내 슬럼프는 아무것도 아닌 것처럼 여겨질 수 있다. 그와 동시에 나도 목표를 달성할 수 있고 반드시 달성해야 한다는 생각이 들면서 새롭게 힘을 얻기도 한다.

나 역시 힘들었던 시기에 미술 수업을 듣고 그림을 그리면서 낙담이 미래에 대한 희망으로 바뀌는 경험을 했다. 또 매일 아름다운 장미 정원을 가꾸며 실의에서 벗어난 여성도 있다.

야외 활동에서 풍요를 느낀다면 햇살과 신선한 공기, 대자연의 평화를 즐겨라. 적극적인 스포츠 활동은 정신적 나태를 해소하는 데 도움이 된다. 시골에서 길을 걷거나 자전거를 타는 것만으로도 기분을 전환할 수 있다.

고전을 읽거나 게임을 하면서 기분을 고양시킬 수도 있다. 조용히 새로운 아이디어를 흡수하는 시간을 갖는 것도 도움이 된다. 나는 신문을 읽는 것을 좋아하는데, 신문을 훑다 보면 아름다운 옷, 먼 여행지, 신간 도서, 전시, 음악에 관한 광고를 보는 것만으로도 자유롭고 풍요로운 기분을 느낀다.

풍요로운 생각과 교제, 분위기 속에서 내적 혹은 외적 활동을 통해 마음과 몸을 채우는 것은 결코 시간 낭비가 아니다. 특히 성공이 더디게 나타나는 것처럼 보이는 동안에는 이런 활동이 내면에 풍요로움을 가져다줄 수 있다. 이를 위해서는 자유 시간을 잘 활용해야 한다. 업무 중에는 풍요를 느끼게 하는 것들로 자신을 채울 여유가 없지만, 기분을 전환하는 활동을 하면 행복감을 느낄 수 있다. 물론 추가적인 공부와 자기 계발에 시간을 투자함으로써 업무 만족도를 높이는 노력도 병행해야 한다.

수년 전, 한계에 짓눌려 있을 당시에 나는 하루 일과를 마치고 조용히 주변을 산책하는 방법으로 자유와 성공에 대한 비전을 지켰다. 단순한 행동이었지만 덕분에 높은 비전을 '지켜내고', 나중에 그 비전을 실현했다. 우리는 높은 기대를 품을 때 수많은 방법으로 나에게 복을 가져다주는 풍요로운 우주에 살고 있다. 컵은 반쯤 비어 있는 게 아니라 반이나 차 있다는 것을 매일 상기하라.

비방에서
자유로워져라

사다리의 밑바닥에 머물고 싶지 않다면 가난에 취약한 이들과 다르게 생각하고, 행동하고, 반응하는 것을 주저해서는 안 된다. 어떤 일 또는 직종에서든 다툼이나 질투, 사소한 비판에 대한 생각에서 벗어나려는 사람들을 위한 자리는 비어 있다.

'가치 있는 행동인가?'라는 의심이 드는가? 그렇다면 명심하라! 건설적으로 생각하고 행동하는 사람일수록 어떤 상황에서든 좋은 결과를 가져올 수 있다.

나는 두 명의 후배가 이런 상황에 처했던 것을 본 적이 있다. 두 후배는 대형 로펌에서 일했는데, 열심히 일하고 생산적인 결과를 내는 것으로 유명한 이 로펌은 구성원들과 함께 승승장구했다. 두 명의 후배 중 한 명은 행복하고 낙천적이며 유쾌한 사람이었다. 그는 필요할 때마다 칭찬을 아끼지 않았고, 모든 사람에게 친절하고 정중했다. 그에게는 모두가 중요하고 관심을 받기에 마땅한 사람이었다. 비판, 비난, 불평이 무엇인지 모르는 청년 같았다. 또 다른 후배 역시 똑같은 일을 했지만, 앞서 말한 후배보다 더 나은 조건을 갖추고 있었다.

두 번째 후배는 대학 학위를 하나 더 보유하고 있다는 이유로 앞의 후배보다 임금을 더 받고 있었다. 모든 면에서 첫 번째 후배보다 유리한 위치에 있었고, 사람들도 그렇게 생각했다.

하지만 고액 연봉을 받는 후배는 '불평이 많은' 사람이었다. 그 어떤 것도 그를 만족시키지 못했다. 그는 세부 사항이 누락되면 화를 냈고, 주변 사람들에게도 화를 냈으며, 예상치 못한 업무를 배정받을 때도 화를 냈다. 이렇게 모든 것에 화를 내던 그는 결국 1년 만에 해고를 당하고 말았다. 그리고 앞서 말한 후배는 그와 같은 직급으로 승진했고 연봉도 올랐다. 나중에는 파트너 변호사까지 되었다. 로펌 역사상 그렇게 빠르게 책임자급으로 승진하거나 금전적 보상을 받은 변호사는 없었다고 한다.

새로운 삶을
살아보라

'일은 가장 고상한 놀이'라는 말이 있다. 일이 즐거운 놀이인지 고된 노동인지는 자신과 타인 그리고 세상 전반에 대한 태도에 따라 달라진다. 일은 신성한 것이며, 진정한 일과 보상은 당신이 추구하는 만큼 찾아올 것이다! 진정한 일이란 자신이 가장 잘하는 일인 동시에 깊은 만족감을 주는 일이다.

어떤 상황에 처해 있든 지금 바로 새로운 삶을 시작하라. 찰스 필모어가 아흔셋의 나이에 담대하게 선언한 것처럼 당신도 선언하라.

"나는 열의로 가득하고, 열정으로 불타고 있으며, 내가 해야 하는 일을 하겠다는 강력한 믿음으로 용솟음친다."

다음의 성공 공식을 활용해 일이나 자기표현에 만족하는 사람들과 함께하라.

1. 원하는 삶의 모습을 머릿속에 최대한 자세히 그린다.

2. 그 그림을 구체화하고 그림 속에서 살라. 이미 원하는 결과를 얻은 것처럼 생각하라. 그러면 원하는 것을 정신적으로 소유할 수 있고, 보다 빠르게 실현할 수 있다.

3. 원하는 것을 얻기 위한 다음 단계를 보여 달라고 요청하라. 그러면 야간 학교에 진학해 수업을 들어야 하는지, 업무와 생활 방식에 과감한 변화를 주어야 하는지, 현재 직업과 그 잠재력에 대해 더 건설적인 태도를 갖춰야 하는지 알게 될 것이다. 다음 단계를 찾았다면, 보다 큰 만족으로 이어질 거라는 믿음을 가지고 과감하게 실행하라.

4. 적성에 맞는 일을 찾을 수 있고 또 찾아야 한다는 믿음으로 끈기를 가지고 정진하라. 에머슨은 모든 것에는 대가가 따르며, 원하는 것에 대가를 지불하지 않으면 원하는 것이 아닌 것을 얻게 된다고 했다. 삶에

서 진심으로 원하는 것을 얻기 위해 내적 그리고 외적
인 방법으로 대가를 지불하면 결국 그것을 얻게 될 것
이다.

5. 머릿속에서는 다른 삶을 그리고 있더라도 현재의 상
황에 최선을 다하라. 무엇보다도 채움의 법칙을 통해 활
기를 유지하라.

2부

부를 불러오는
다른 법칙들

OTHER PROSPERITY LAWS
THAT CAN BRING RICHES TO YOU

들어가며

당신을 위한 더 많은 금가루가 있다!

두 꼬마 숙녀가 돈에 관해 대화하고 있었다.

"만약 100만 달러를 발견한다면 어떻게 할 거야?" 한 소녀가 물었다.

"간단한 문제네." 다른 소녀가 대답했다. "누구 것인지 알아내서 돌려줘야지. 주인이 가난하다면 말이야."

과거에 사람들은 '백만장자' 하면 보통 100만 달러 이상의 재산을 가지고 있는 사람이라고 여겼다. 하지만 요즘 경제학자들은 우리가 살고 있는 시대적 상황을 고려하면 최소 1,000만 달러 이상의 재산을 가지고 있어야 백만장자라 불릴 수 있다고 주장한다.

어쨌든 부는 상대적이고, 언제나 그래왔듯 인식의 문제이기도 하다.

부를 둘러싼 신비는
온전함으로 이어진다

원고 상태의 이 책을 읽은 한 친구는 '빨리 부자가 되는 법'을 알려주는 흔한 입문서일 것이라고 예상했는데, 신비로운 부에 관한 실용적인 이야기로 가득 차 있다는 평을 남겼다.

　　그렇게 말한 이유는 바로 이 책의 부제 때문일지도 모른다. '역동적dynamic'이라는 단어의 어원적 의미는 '영적spiritual'이라는 뜻이고, '법칙law'이라는 단어는 적용할 때 효과가 있는 아이디어나 방법을 뜻한다. 그리고 '부prosperity'라는 단어의 어근은 '온전함wholeness'을 뜻한다. 꾸준히 실천하면 우리 삶에 평화와 건강, 풍요를 가져다주는 온전한 영적 법칙, 이것이 우리 연구의 전부이다.

이 책이 나오는 데 도움을 준
모든 이가 부를 얻었다

책을 집필하던 중 내 비서는 원고의 전반부를 옮기다 일을 그만두었다. 그녀는 원고를 옮기는 동안 책에 실린 아이디어를 실천했고, 그 뒤 남편의 일이 잘 풀려서 더 이상 일을 할 필요가 없게 됐다고 했다!

이후 나는 원고의 후반부를 옮겨줄 새로운 비서를 고용했고, 책이 완성되기 전에 그녀도 그만두었다. 그녀가 일을 시작할 당시에는 남편이 실직 상태였는데, 얼마 뒤 다른 주에서 엔지니어링과 관련해 전무후무한 기회를 얻었다고 했다. 그녀가 말하길, 책에 실린 아이디어를 실천한 덕분에 상황이 반전되었다고 했다.

우리 집 살림을 돕던 사람도 일을 그만두었다. 그녀는 내 원고를 직접 본 적은 없었지만, 책을 쓰는 동안 원고의 모든 내용을 그녀에게 들려주었기 때문이다. 그녀는 내가 말한 부의 법칙들을 차근차근 실천해나갔다. 그리고 오래전부터 하길 원했지만 차마 용기가 나지 않아 하지 못했던 일을 시작하기로 결심했는데, 바로 양재사였다. 그녀는 "가정부 일은 그만두겠습니다. 그 대신 저를 양재사로 고용해주시겠어요?"라고 물었다. 그 후 그녀는 그 분야에서 성공을 거뒀다.

인쇄소에서 완성된 책이 뉴욕에 있는 담당 편집자에게 전달되던 날, 책상에 앉아 주의 깊게 책을 읽고 있던 그 편집자의 사무실로 동료가 들어오더니 돈을 건네주었다. "얼마 전 점심값을 빌려주셨는데 제가 깜빡 잊고 있었네요." 담당 편집자는 내게 이렇게 말했다. "책에 나왔던 대로 했더니 이렇게 신속한 결과가 나타났습니다."

책을 쓰는 동안 물론 내게도 '금가루'가 찾아왔다. 나는 앨라배마의 단칸방에 살며 '부의 철학'이라는 개념을 발전시켰는데, 그곳은 무언가를 시작하기에는 딱 좋은 환경이었다! 이 아이디어를 실천하고 난 뒤부터 나는 회사 사택에서 살게 되었고, 그곳에서 이 책을 쓰기 시작했다. 이 원고에 담긴 역동적인 아이디어들에 몰두하는 동안 내 꿈은 현실이 되었다. 오스틴에 있는 텍사스 대학교에서 영어를 가르치던 오랜 친구와 결혼을 했고, 이후에는 텍사스주에 위치한 부유한 주상복합단지가 내려다보이는 아파트에서 책을 완성했다. 남편이 최종 편집을 맡아주었는데, 이는 내 책이 베스트셀러가 되는 데 큰 도움이 되었다.

결국 책의 제작에 참여한 모든 사람에게 극적인 결과가 찾아온 것이다.

이 책을 처음 쓴 이후 수십 년 동안 우리는 엄청난 변화를 목격했다. 하지만 인류의 경제적 요구는 예나 지금이나 거의 동일하게 계속되고 있다. 그렇게 느껴지는 이유는 바로 이것 때문일 수 있다. 어떤 경제적 요구이든 그것은 인류의 영혼 성장이라는 관점에서 우리의 신념을 보다 높은 수준으로 끌어올릴 때가 왔다는 신호이다. 새로운 시대의 필요를 충족시키기 위해 우리는 내면의 힘을 계발해야 한다. 부를 끌어당기는 생각의 힘 덕분에 당신을 위한 금가루가 여전히 공중에 떠다니고 있다!

이제 빨리 2부로 넘어가 부를 끌어당기는 생각을 하면서 황금 길을 계속 걷자. 그 과정마다 준비된 금가루를 받아 가기를 바란다. 당신은 충분히 그럴 자격이 있다!

10장

사랑과 선의의 법칙

최근 어느 한 사업가가 내게 말했다. "가장 위대한 부의 법칙은 사랑과 선의의 법칙입니다." 그러면서 불협화음이나 명백한 실패에 직면했을 때 이타적인 선의인 사랑으로 승리했던 자신의 경험담을 들려주었다.

그에게는 기분이 좋을 때는 서비스에 만족을 표현하는 한 부유한 여성 고객이 있었다. 그러나 기분이 좋지 않으면 그에게 편지를 보내거나 전화를 걸어 일을 '잘못 처리했다'며 독설을 퍼붓거나 불쾌한 말을 했다.

그는 그 여성 고객에게 사랑을 이타적인 선의로 표현하는 방법을 사용했다. 이 고객(또는 다른 고객)이 업무 중에 '선을 넘는 행동'을 하면, 그것을 '바로잡는' 특별한 방법을 썼다고 한다. 그는 불화나 비방, 갈등이 발생하면 보복이나 방어를 하기보다는 조용히 앉아 상대방을 떠올리며 선의를 가지고 애정 어린 생각을 했다. 그리고 머릿속으로 사랑과 안정, 평온함, 유머, 선의에 둘러싸인 상대방의 모습을 시각화하려 노력했다.

결과는 어땠을까? 그는 빠르고도 명확한 결과에 숨이 멎을 정도로 놀랐다고 한다. 그가 친절하고 상냥한 고객의 모습을 시각화하고 나면, 변덕스러웠던 고객이 한 시간 이내에 전화를 걸어 사과를 했던 것이다.

여러 사람이 관여하는 비즈니스 거래에서 불협화음이 생기면, 그는 마음속으로 관계자들을 떠올리며 선의를 가지고 한 사람 한 사람을 축복한다. 그런 다음 상황이 조화롭게 해결되는 상상을 한다. 그러면 실제로 분위기가 차분하게 가라앉고, 오해는 사라지며 거래는 성공적으로 진행된다.

이 방법은 매일 하루의 시작과 마무리 단계에서 사용하는 것이 좋다. 하루를 돌아보면서 불쾌했던 기억을 떠올려보라. 관계된 모든 사람을 애정 어린 시선으로 이해하고 조화로운 사람으로 보기 시작하면, 그들은 돌변하여 자신의 잘못된 태도를 사과할 것이다.

그날의 일정을 머릿속으로 검토하고, 즐겁고, 성공적인 경험을 시각화하는 것으로 하루를 시작하라. 보통 이른 아침에 성공적인 하루를 머릿속에서 계획하고 시각화하고 기대하면, 하루를 마무리할 때 불쾌했던 기억을 다시 떠올리게 되는 일은 거의 없다.

사랑은 절대
실패하지 않는다

아무리 많은 부의 법칙을 알고 있더라도 타인과 조화롭게 지내지 못한다면 별 의미가 없다. 재정적 성공은 15퍼센트 정도가 기술적 능력에 기인하지만, 나머지 85퍼센트는 사람들과 잘 어울리는 능력에 달려 있다고 한다.

보편적인 선의, 즉 사랑을 실천함으로써 타인과 어울리는 재능은 아무리 강조해도 지나치지 않다. 해고당한 사람을 본 적이 있을 것이다. 그런 사람들은 과연 무능함, 부정직함 때문에 해고된 것일까? 인사 관리자들은 직장에서 해고된 사람의 3분의 2 이상이 '사람들과 잘 어울리지 못해서'라고 입을 모은다. 이들 중 약 10퍼센트만이 필요한 기술을 제대로 갖추지 못해 해고되는 것이다. 즉, 나머지는 '성격 문제'이다. 그렇다면 보편적인 선의와 타인과 조화롭게 어울리는 능력에 어떻게 그렇게 큰 힘이 있는지 궁금하지 않은가?

성경은 "사랑은 실패하지 않는다"라고 단언한다. 예

수는 율법사에게 사랑이 모든 율법의 본뜻이라고 지적했다. 이는 건강하고, 행복하고, 조화롭고, 성공적인 삶의 온전한 율법을 의미한다. 사랑은 비교할 수 없는 힘을 가지고 있는데, 이는 사랑이 온 세상과 그 안에 있는 모든 것을 통합하는 힘인 까닭이다. 예를 들어, 중력의 법칙은 행동하는 사랑이다. 사랑은 우주 전체에서 늘 작용하고 있는 균등화, 조화, 균형, 조정의 힘이다. 이런 방식을 통해 당신을 위해 당신이 할 수 없는 일을 하는 것이 바로 사랑이다.

하버드 대학교에서 세계적으로 유명한 사회학자들이 사랑의 힘에 대한 연구를 수행했다. 이들은 사랑이라는 주제를 연구하기 위해 과학자들로 구성된 연구 센터를 설립해 귀중한 시간을 투자했다. 연구 결과에 따르면, 사랑도 다른 좋은 것들과 마찬가지로 인간이 의도적으로 만들어 낼 수 있다고 한다! 우리가 다른 자연의 힘을 배우는 것처럼 사랑을 만드는 법 또한 배울 수 있다는 것이다.

사랑은 개인적이면서
보편적이다

사랑을 어떻게 만들고 베풀 수 있을까? 첫째, 사랑은 개인적이면서도 보편적이라는 사실을 깨달아야 한다. 개인적인 차원에서는 가족과 친한 친구들 사이에서 헌신, 다정함, 친절, 지지, 감사의 표현으로 사랑을 베풀 수 있다.

보편적인 차원의 사랑은 타인과 잘 지낼 수 있는 능력이나 모든 사람을 향한 조건 없는 선의이다. 보편적인 사랑을 위해 자주 확언하라. "나는 조건 없이 모든 사람을 사랑하고 모든 사람 또한 나를 사랑한다."

말레이시아에 살던 어느 중국인 의사는 보편적인 사랑의 힘으로 모든 병을 치유할 수 있다는 것을 인류가 깨닫도록 돕는 일에 특히 관심이 많았다. 그는 사랑의 힘에 관한 글을 써서 전 세계 불특정 다수에게 15만 부 이상 발송했다. 이 글에서 그는 각기 다른 신념을 가진 사람들에게 매일 5분 동안 신성한 사랑을 떠올려보라고 권유했다. 그는 여러 나라의 사람들이 동시에 신성한 사랑을 묵상하는 상황을 위해 시간표까지 만들었다. 이는 순전히 화합과 정의, 세계 평화를 위한 사랑의 힘을 믿는 한 사람의 신념에서 비롯된 행동이었다.

사랑을 싹트게
하는 방법

사랑에 대해 분석해보면, 인생이란 삶의 여러 단계에 걸쳐 사랑을 주고받는 과정임을 알 수 있다. 사랑의 흐름 속에 살지 않는 사람들은 사랑이 부족한 상태를 몸과 마음, 일의 어려움으로 인식하게 된다. 그러나 의도적으로 사랑을 발전시키면 삶의 선한 흐름 속에 들어갈 수 있을 뿐만 아니라 타인이 그 흐름을 경험하는 것 또한 도울 수도 있다.

하버드 대학교 과학자들의 연구가 보여주듯 더 이상 외부에서 사랑을 찾기를 소망하고 기다릴 필요가 없다는 것은 멋진 일이다. 당신은 지금 당장 자기 자신과 타인을 위한 사랑을 내면에서 의도적으로 만들어낼 수 있다. 그렇게 하면 당신의 삶 속에서 완벽한 사랑의 표현을 지속적으로 끌어낼 수 있다.

당신이 의도적으로 사랑을 표현하면 그 사랑은 배가 되어 당신에게 되돌아온다.

자신의 생각과 감정을 의식적으로 통제하고, 보편적인 사랑이 자신의 문제를 해결하는 가장 빠른 방법임과 동시에 인류를 돕는 강력한 방법임을 깨달았다면 지금부터 보편적인 사랑의 의식을 계발하라. 이를 위한 아주 간단한 방법이 있다.

매일 잠깐이라도 사랑의 감정을 싹 틔우는 시간을 가져라. 그런 시간을 가질 때마다 이렇게 확언하라. "나는 지금 내 자신과 세상, 전 인류를 향해 의도적으로 즐겁게 사랑을 발산하고 있다." 매일 사랑이 내 안에서 살아나게 해 달라고 기도하라.

건강하고, 풍족하고, 빛나고, 조화를 이루고, 축복받고, 자유롭고, 구속받지 않는 자신의 모습을 마음속으로 그리며 다음과 같이 확언하라. "이제 사랑이 내 안에 살아 숨 쉽니다."

의도적으로 사랑을 싹 틔울 때 다음의 방식으로 사랑을 표현하라. 사랑이 당신을 감싸고, 빛내고, 고양하며, 밝게 해주는 빛이라고 상상하라. 사랑이 당신 전체에 침투해 스며들고 당신을 충만하게 채운다고 생각하라. 당신의 삶에서 어둡고 골치 아픈 부분이 신성한 사랑의 빛으로 살아나고 신성한 조정을 받는다고 생각하라.

명상을 하면서 자기 자신과 세상을 향한 사랑을 상상할 때 떠오르는 생각과 느낌, 그림을 말해보라. 자기 자신을 사랑하는 데 대해 죄책감을 느낄 필요는 없다. 자신을 사랑하고 그 사랑을 내면에서 느끼지 못하면 타인을 사랑하거나 외부로 사랑을 발산하는 것도 불가능하다. 사랑은 가정에서, 자신의 내면에서 시작된다. 정신의학은 자기애와 감사의 필요성을 강조한다.

의식적으로 자신을 사랑하는 것은 물론, 삶과 일을 사랑하고, 자신에 관한 사소한 것들까지 사랑하라. 사랑을 싹 틔우는 시간에는 특히 치유를 갈구하는 신체에 대한 사랑을 표현하라. 대담하게 "사랑해"라고 선언하라.

부를 불러오는 다른 법칙들

당신이라는 존재가 사랑의 빛으로 충만해졌다면, 당신은 마음과 몸과 일 전반에 걸쳐 지상에서 가장 위대한 힘을 생성하고 방출한 것이다. 사랑의 빛은 새로운 에너지, 마음의 평화, 힘과 지배력, 평정심, 아름다움, 부, 조화를 가져다주고 당신의 삶 곳곳을 새로운 선으로 빛나게 만들어줄 것이다.

사랑은 실질적인
결과를 가져온다

하버드의 과학자들은 사람, 상황, 조건에 사랑을 쏟아부으면 기적과도 같은 변화가 일어난다는 사실을 발견했다. 그들은 '사랑의 스위치를 켜는 것'이 곧 세상의 병을 치유하는 보편적인 처방이 될 수 있을 것이라고 예측했다.

사랑을 만들고 사랑의 스위치를 켜면 실질적인 결과를 얻을 수 있다. 한 친구는 매일 명상 중에 아름다움과 광채에 대한 생각을 떠올리며 사랑을 표현했더니 피부가 눈부시게 맑고 아름다워졌다. 또 어느 강사는 강의 중 피로감을 느끼고 명상을 하면서 자신의 몸에 사랑을 표현했더니, 순식간에 몸에 새로운 생명과 에너지, 활력이 도는 경험을 했다고 한다.

사랑을 떠올리며 명상을 하는 것도 좋지만, 일상의 모든 것에 대해 "내 안에 사랑이 솟아오르고 있다"라고 조용히 확언해도 좋다. 당신이 입고 있는 옷, 운전하는 자동차, 집이나 사무실에 있는 무생물들, 청구서, 수입에 신성한 사랑을 확언하라. 삶의 빈 공간과 아직 나타나지 않은 것들에 대해서도 사랑을 확언하라.

모든 것이 사랑에 대한 당신의 생각에 반응할 것이다. 하루 동안 만나는 사람, 친구, 가족에게 조용히 사랑을 선언하라.

사랑은
승리한다

소송에서 불리한 판결을 받고 재정적 파탄의 위기에 직면한 한 남성은 판결이 부당하다고 불평했다. "정의는 없습니다." 그는 씁쓸하게 말했다. 상담사에게 자신의 이야기를 털어놓은 그는 올바른 태도와 감정적 반응을 확언함으로써 신성한 사랑의 힘을 상황에 적용해보라는 권유를 받았다. 상담사는 소송 중에 상대방이 떠오를 때마다 그를 위해 이렇게 확언하라고 제안했다. "나는 사랑의 법칙에 따라 살고 있으며, 사랑은 승리할 것입니다."

확언대로 생각하기 시작하자 모든 상황이 훨씬 긍정적으로 느껴졌다. 적대감, 분노, 복수에 대한 욕망은 사라졌다. 그리고 예기치 않게 상대방에게 호의를 베풀 수 있는 뜻밖의 기회가 찾아왔다. 그래서 그는 그렇게 했고, 기분이 훨씬 나아지는 것을 느꼈다. 그의 태도가 바뀌자 상대방의 태도도 바뀌기 시작했다. 결국 양측이 서로 조금씩 양보하게 되었고, 사건은 고등법원에 갈 필요도 없이 모두가 만족하는 방향으로 완만하게 해결되었다.

대도시에 사는 한 여성은 사업이 두 번 연달아 실패한 곳에 레스토랑과 사탕 가게를 열었다. 그녀는 그곳에서 눈부신 성공을 거두었다. 다른 사람들이 실패한 곳에서 어떻게 성공할 수 있었느냐는 질문에 그녀는 이렇게 대답했다. "고객을 사랑하고 축복했습니다. 손님이 가게를 떠날 때 다시 오라고 권유할 뿐만 아니라 조용히 사랑의 축복을 보내며 부와 행복을 기원했지요. 가게에 손님이 없을 때는 거리를 지나가는 사람들을 사랑으로 바라봅니다."

자기 자신과 타인을 생각할 때 사랑을 떠올리고 신성한 사랑을 확언하면 의도적으로 신성한 사랑을 싹 틔울 수 있다. 사람들에게 감사한 마음을 가지고 친절을 베풀며, 이해에서 비롯된 말을 하는 것도 성공의 비결이다. 친절한 말은 그와 비슷한 결과인 새로운 삶과 성장, 진정한 행복을 의미하는 결과를 낳는다!

사이좋게 지내는 사람을 떠올리며 명상을 하거나 그 사람에게 사랑이 담긴 말을 하는 것은 어렵지 않다. 그러나 어렵게 느껴지는 사람, 적대적인 사람이야말로 사랑의 빛을 가장 필요로 하는 사람들이다. 그들의 적대감은 사랑과 인정을 간청하는 영혼의 외침이다. 그러므로 그들에게 충분한 사랑을 베풀면 불화는 사라질 것이다.

사랑의
총알을 쏴라

어느 남자는 사랑을 발산하는 특별한 방법을 알고 있다고 했다. 블랙 씨는 공무원으로서 시민들의 불만을 처리하고, 시민들과 정부를 위해 잘못된 것을 바로잡는 일을 했다. 그의 일은 모든 사람을 만족시키는 것이었다! 그것은 다소 불가능해 보이는 일이었다.

하지만 그는 '사랑은 절대 실패하지 않는다'라는 사실을 배웠다. 그는 민원인이 무슨 말을 하든 예의 바르고 친절하게 대했다. 그는 언제나 조용히 확언했다. "사랑이 모든 것을 통제하고 있으며 모든 것이 잘 되고 있다." 그는 문제를 일으키는 사람이 돌아설 때, 그에게 '사랑의 총알을 쏜다'고 한다.

마음속으로 누군가에게 쏜 사랑의 총알은 과연 효과가 있을까? 그가 신성한 사랑을 확언하자 사무실에 찾아오는 민원인의 태도와 행동이 눈에 띄게 변했다.

나는 이 공무원이 반드시 성공할 것이라고 장담한다. 왜냐하면 최근 한 사업가가 나를 찾아와 "블랙 씨의 성공 비결을 꼭 알고 싶습니다. 그는 늘 차분하고 기분이 좋아 보이지만, 알고 보면 이 마을에서 가장 어려운 일을 맡고 있거든요"라고 말했기 때문이다. 사업가에게 그 공무원의 성공 비결이 사람들에게 사랑의 총알을 쏘는 것이라고 말하자 그는 매우 기뻐했다. 그의 눈빛을 보니 그도 그렇게 할 것 같다는 생각이 들었다.

캔자스시티에 사는 어떤 여성은 사랑의 말로 폭력으로부터 스스로를 지켰다. 어느 날 밤 트레이시 애비뉴의 오래된 어두운 거리를 걷고 있는데, 그림자 속에서 나온 한 남성이 갑자기 그녀의 등에 총을 들이대며 외쳤다. "지갑 내놔. 아니면 쏜다!" 그녀는 돌아서서 그 남자의 얼굴을 똑바로 바라보고 말했다. "당신은 누군가의 소중한 자녀이고, 나는 당신을 사랑합니다. 당신은 나를 해칠 수 없어요."

강도는 두 번이나 더 그녀를 위협했지만 계속해서 같은 답변이 돌아오자 마침내 고개를 저으며 "미친 여자 같으니"라고 중얼거리고는 총구를 내리며 도망쳤다. 이 여성은 극단적인 상황에 사랑의 표현이라는 극단적인 방법으로 대응한 것이다.

보편적인 사랑을
실천하라

하지만 가족 이외의 사람들에게 함부로 "사랑해요!"라고 말하고 다니면 안 된다. 당신의 말을 개인적 메시지로 받아들인 대부분의 사람들은 당황하고 오해할 것이다. 내가 아는 어느 전문직 남성은 여성 고객들에게 "사랑합니다"라고 말하는 실수를 저질렀는데, 아직까지도 그 고객들의 남편들에게 자신이 한 말의 의미를 설명하려 애쓰고 있다.

보편적인 방식으로도 사람들에게 관심, 지지, 진심 어린 감사를 표현할 수 있다. 친절과 예의는 언제나 통하는 선의의 사랑을 발산하는 방식이다.

사랑을 베풀기 위해서는 사랑을 명상하고, 사랑을 확언하며, 사랑의 말을 하는 것과 함께 사랑의 선언문을 작성하는 것이 좋다.

어느 여성은 한때 친구였던 사람이 자신에 대해 악의적인 험담을 하고 다닌다는 것을 알게 되었다. 심각하고 부당한 내용의 험담이었다.

그녀를 비방하는 소문을 접한 친구는 그녀에게 말했다. "그만두게 만들어야지. 조치를 취해야 해!" 그러나 여성은 오후 내내 조용히 앉아 다음의 선언문을 쓰고 또 썼다. "지금 이런 상황에서도 사랑은 완벽히 작동하고 있습니다." 이것이 그녀가 한 유일한 행동이었다.

며칠 후 그녀는 자신을 맹렬히 비방하던 친구로부터 사랑과 감사의 말을 담은 쪽지와 선물을 받았다. 결국 신성한 사랑이 상황을 바꾼 것이다.

의도적으로 신성한 사랑을 발산하는 것은 성가신 일을 유발하는 '사소한 일'을 해결하는 데 도움이 된다. 당신의 하루와 세상은 사소한 일과 사건들, 작은 변화들로 인해 형성되는 경우가 많다. 그것들을 통달하면 점점 인생을 통달하게 된다.

개인적으로 사랑을
표현하는 것은 중요하다

가족들에게 정기적으로 사랑을 표현하는 일 또한 소홀히 해서는 안 된다.

심리학자들은 사랑받고, 인정받고, 중요한 사람으로 대우받으려는 욕구가 인류의 기본적인 욕구라고 말한다.

가족이나 친척들 사이에서 발생하는 문제의 근본적인 원인은 사랑의 표현이 부족해서인 경우가 많다.

결혼 생활에 어려움을 겪고 있는 한 여성에게 "남편의 눈을 바라보며 '나는 당신을 사랑해. 당신은 멋진 사람이야'라고 진심을 담아 고백한 게 언제인가요?" 물었더니, 그녀는 깜짝 놀라며 "그런 식으로 말해야 결혼이 유지된다는 말씀이세요?"라고 되물었다. 나는 그녀에게 "예전에는 그렇게 말하지 않았었나요?" 하고 질문했다.

아내와 남편은 서로가 서로에게 매우 중요하고 필요한 존재임을 느끼게 해줘야 한다. 아내가 아닌 다른 여자와 관계를 맺고 있는 남성과 상담한 적이 있는데, "사랑스러운 아내와 멋진 가정을 가진 분이 왜 다른 여자를 만나십니까?"라는 질문에 그는 이렇게 대답했다. "그 여자와 있으면 제가 중요하고 필요한 사람이 된 것 같은 기분이 듭니다. 하지만 아내와 있으면 그렇지 않아요."

또한 성관계는 사랑을 표현하는 중요한 방법 중 하나이다. 성은 결혼에 필수적인 부분이라는 것이 올바른 이해이다. 결혼 생활에서 성적 표현은 사랑의 유대를 더욱 끈끈하게 만들어준다.

아이들은 격려를
통해 성장한다

아이들도 어른들과 마찬가지로 진심 어린 감사와 칭찬, 격려에 큰 힘을 얻는다. 이는 아이들에게 강장제와 같은 역할을 한다.

전에 학교생활이 원활하지 않은 남자아이를 본 적이 있다. 아들에게 지친 엄마는 정신과 진료 예약을 잡았다. 그녀는 나와 일상적인 대화를 하다가 아들을 언급하게 되었고, 나는 아이의 감수성과 창의적인 능력에 주목했다. 그리고 그녀가 불안해했던 아들의 다른 점이 바로 성공으로 이어질 수 있는 잠재력임을 설명했다. 나는 그녀에게 회사 업무 때문에 바쁘더라도 꼭 매일 아이와 마주 앉는 시간을 내라고 했다. 그리고 아이의 생각을 듣고, 좋은 점을 칭찬해주라고 조언했다.

이후 그녀가 진심으로 아이를 칭찬하기 시작하자 아이의 학업 태도는 바로 좋아졌다. 더불어 음악적 능력도 꽃을 피우면서 특별 밴드 콘서트에서 공연할 어린이 중 한 명으로 선정되었다. 그리고 예약해두었던 정신과 진료는 취소했다.

사랑으로
훈육하라

그렇다고 자녀의 부정적인 행동을 바로잡는 훈육을 마다하라는 뜻은 아니다. 단호하지만, 사랑을 바탕으로 훈육하라는 말이다. '훈육discipline'이라는 단어의 어원적 의미는 '완전하게 하다'라는 뜻이다. 자녀를 교정하고 훈육한 결과는 반항이나 저항, 부정적인 행동이 아닌 완전함으로 이어져야 한다.

나는 자녀 양육에 관해서는 다른 곳에 조언을 구하거나 단순한 이론으로 마음을 어지럽히기보다는 자연에 맡기는 것이 가장 좋은 방법임을 깨달았다.

오래전부터 부모들은 외부의 지식을 자녀에게 심어줌으로써 자녀가 성인으로서 살아갈 능력을 갖출 수 있도록 교육해야 한다고 믿어왔다. 그러나 이러한 관점에서 자녀를 양육하려 하면 실망스러운 결과를 얻을 수도 있다.

물론 지적 교육도 중요하지만, 이는 아이의 교육과 발달의 일부분일 뿐이다. '교육하다educate'라는 단어의 진정한 의미는 아이의 내면에 선천적으로 존재하는 것을 '끌어낸다'는 뜻이다. 『진실의 교훈』에서 에밀리 캐디 박사는 이렇게 말했다. "무한한 사랑으로 단지 발현되기를 기다리는 것이 진정한 교육입니다."

자녀에게 사랑을 표현하는 또 다른 방법은, 너의 실패나 결핍을 의도하는 이는 없다는 사실을 가르치는 것이다. 내가 아는 어느 부모는 너는 실패할 필요 없이 성공할 수 있다며 아이들을 지속적으로 응원하고 있다. 덕분에 아이들은 자신감을 키우며 성장하는 중이다. 이 가족은 취침 시간에 한자리에 모인다. 부모는 자녀를 위한 기도를 하면서 아이들과 함께 부를 확언한다. 그들은 부와 번영을 당연한 권리로 받아들이고 있다.

지금 바로
사랑을 표현하라

사랑은 삶의 개인적인 측면과 보편적인 측면에서 모두 작용한다는 사실을 기억하라. 개인적인 측면에서 사랑이 부족해 보이면, 봉사와 선의로서 보편적인 사랑을 베풀면 된다. 그러면 개인적인 측면의 사랑도 풍족해진다. 반대로 보편적인 측면의 사랑이 부족하게 느껴진다면, 개인적인 삶과 관계에서 사랑을 실천하라. 마찬가지로 이해와 행복, 성공을 경험할 것이다.

지금 있는 곳에서 사랑을 실천하라. 행복한 가족 관계와 같은 개인적인 삶의 영역에서든, 직장과 같은 보편적인 삶의 영역에서든 사랑을 축복하고 감사하라. 모든 크고 작은 사랑의 표현에 감사할 때, 당신의 사랑은 증식해나갈 것이고 그것은 모든 공허함을 채운다.

찰스 필모어는 저서 『진실에 대한 이야기*Talks on Truth*』에서 사랑의 힘에 대해 다음과 같이 말했다.

> **사랑이 당신을 어려움에서 벗어나게 해준다고 믿어도 된다. 사랑에 확신을 가지고 있다면, 당신을 위해서 사랑이 하지 못할 일은 없다.**

이제 자신과 가족 그리고 인류에게 의도적으로 사랑을 베풀 것을 약속하라. 그러면 문제는 해결책으로 바뀌고 부는 배로 증식할 것이다. 다음을 자주 확언하면 이를 실현할 수 있다. "사랑은 모든 것을 예견하고 모든 것을 풍성하게 공급한다. 사랑의 완벽한 결과가 지금 나타난다."

11장

당신도 재정적 독립을 이룰 수 있다

부를 꿈꾸는 모든 사람의 소망 중 하나는 재정적인 독립과 자립이다. 빈곤은 인류가 보편적으로 느끼는 두려움이며, 전례 없는 번영의 시대에 살고 있음에도 불구하고 많은 사람들이 여전히 재정적 결핍을 느낀다.

부를 끌어당기는 생각을 통해 힘을 방출하는 법을 알게 되면, 재정적 독립이 요원한 목표가 아니라는 사실을 깨닫게 될 것이다.

'재정적 독립'이라는 말은 사람에 따라 다른 의미를 지닌다. 재정적으로 독립한다는 것은 기본적으로 재정적인 자유를 의미한다. 어떤 사람에게는 보수가 좋고 신뢰받는 직업을 통해 재정적 의무를 지속적으로 이행하고 일상적인 재정적 요구로부터 자유로운 상태를 의미하기도 한다. 또한 백만장자의 관점에서 생각하는 사람도 있다. 형편이 나아질수록 재정적 독립에 대한 생각은 점점 확장된다.

재정적인 독립과 자립에 대한 욕망은 인간의 지적·정서적 본성에 심어진 신성한 욕망으로, 스스로 발전하고 성취하며 가치 있는 삶을 구축할 수 있도록 도와준다. 적절한 주당 수입이든 백만장자가 되고 싶은 욕망이든 재정적 독립에 대한 욕망은 결코 억압되어서는 안 되며, 인간의 마음을 통해 건설적으로 표현되어야 한다. 재정적 독립에 대한 욕망이 이와 같은 방식으로 표현될 때 인간은 만족과 성취를 경험할 수 있다.

상황을 보이는 그대로
받아들이지 말라

몇 년 전 뉴잉글랜드 어느 도시의 시장이 취임 첫해에 놀라운 성과를 냈다는 뉴스 기사를 본 나는 재정 자립의 위대한 비결을 알게 되었다. 그가 취임할 당시만 해도 모두가 이 도시는 죽어가고 있고, 아무도 구할 수 없다고 했는데, 이는 사실이기도 했다. 빈민가가 도심을 뒤덮었고, 인구는 성장을 멈춘 상태였으며, 기업들도 하나둘 도시를 떠나고 있었다. 번영은 그야말로 먼 옛날의 일인 것만 같았다. 그러나 새로 부임한 시장은 시청 직원들로 하여금 1년 만에 도시를 재건하는 대담한 프로그램을 추진하도록 영감을 주었다. 이에 따라 도심 빈민가를 청소해서 아파트나 쇼핑 지역, 주차장, 사무실 건물, 새로운 비즈니스 구역 등을 위한 공간으로 사용하는 이른바 빈민가 정리 프로젝트가 시작되었다.

어떻게 한 사람이 이렇게 빠른 발전과 부를 이끌어낼 수 있었을까? 시장은 시의회 의원들이 '큰 생각'을 통해 일을 추진한 덕분이라고 말했다. 또한 그는 매일 더 나은 삶을 강구했다고 한다. 그의 기본적인 태도는 다음과 같다. "보이는 그대로 받아들이지 않겠습니다. 항상 그래왔다고 해서 바꿀 수 없다는 뜻은 아닙니다!"

현재 당신이 자신의 재정적 상황에 만족하지 못한다면, 그것은 재정적 독립을 위한 첫걸음이 될 것이다. 단, 그 자리에 안주할 생각이 없다면 말이다! 당신은 부를 끌어당기는 생각과 행동을 통해 현재의 상황을 훨씬 만족스러운 상황으로 바꿀 수 있는 힘을 가지고 있다. 그 힘은 당신이 사용할 용기만 있다면, 당신의 재정적 독립을 위한 열쇠가 되어줄 것이다.

내 지인 가운데 불만족스러운 직장을 그만두고 사업을 시작하는 과감한 행동으로 경제적 독립을 달성한 사람이 있다. 그는 전쟁 이후 보석상에서 일했지만, 항상 마음

한구석에 자신의 가게를 운영하겠다는 꿈을 품고 있었다. 마침내 그가 일하던 곳에서 부조화와 무질서가 발생했고, 오랫동안 성실히 근무했던 그는 과감하게 그만두었다. 고용주의 이 가게만큼 일하기 좋은 곳은 찾을 수 없을 거라는 말에도 굴하지 않았다. 그는 더 이상 누군가가 운영하는 가게의 좋은 직원이 될 생각은 없으며, 스스로 고용주가 될 것이라고 조용히 다짐했다.

직장을 그만둘 당시 그는 저축한 돈이 많지 않았다. 게다가 부양할 가족과 이행해야 하는 재정적 책임도 있었다. 하지만 불만족스러운 재정 상황에 대한 생각을 내려놓으니 마음이 한결 편했고, 만족감은 높아졌으며, 자유마저 느껴졌다. 그가 일하던 가게를 그만뒀다는 소문은 금세 주변으로 퍼졌다. 얼마 후 다른 마을에서 보석상을 운영하던 그의 친구가 다음 행보를 결정할 때까지 자신의 가게에서 일할 것을 제안했다. 그는 장기적인 계획을 세우는 동안 수입을 얻기 위해 친구의 제안을 받아들였다.

얼마 지나지 않아 월급쟁이로 사는 것에 만족하지 못한 또 다른 친구가 그를 찾아왔다. 친구는 그와 동업하여 보석 사업을 시작하고 싶다고 했다. 친구의 재정 상태는 여유로웠다. 두 사람은 함께 가게를 차리는 데 필요한 금융 자산과 신용 대출을 마련했다.

둘 중 누구도 혼자서는 가게를 운영할 수 없었지만,

부를 불러오는 다른 법칙들

동업 관계를 맺으니 가능해졌다. 그리고 함께 부자가 되었다. 첫 번째 남성이 모든 것을 내려놓고 만족스럽지 못한 기존의 상황을 인정하는 순간 성공의 문이 열린 것이다.

감정은 당신의
원동력이다

최고의 것이 아닌 것에 안주하지 않겠다고 결심했다면, 그다음 재정적 독립을 성취하는 또 다른 비결은 집중과 절약의 법칙이다. 생각, 에너지, 감정적 원동력을 절약하는 것은 재정적 독립을 위해 꼭 필요한 요소이다. 특정 기간에만 부를 누리는 사람을 본 적이 있을 것이다. 그들의 사업은 호황을 누린 적도 있지만, 갑자기 바닥을 치고 회복할 수 없는 심각한 재정적 실패를 경험하기도 한다. 이런 사람들은 감정과 태도, 생활 방식 등으로 인해 이전의 부를 끌어당기는 능력이 고갈된 경우가 많다.

사업을 하는 사람들은 대부분 사생활을 성공적으로 관리할 때 사업도 번창한다. 즉, 결혼 생활에 어려움이 생기면 사업도 흔들리게 마련이다. 최근에는 한때 많은 돈을 벌었지만 가정에 문제가 생길 때마다 감정이 동요하면서 결국 돈을 잃게 된 한 남성을 보았다.

우리는 모두 감정과 기분의 피조물이며, 때로 깊은 감정은 우리의 재정적 성공과 실패를 결정하기도 한다. 감정은 신성한 힘이자 원동력이다. 감정은 사실 우리가 소유할 수 있는 가장 풍부한 금광이므로, 금광을 지키듯 감정을 보호해야 한다.

흩어진 생각, 흩어진 감정, 흩어진 행동은 마음의 힘 또한 흩어지게 한다. 이는 부를 끌어당기는 데 필수적인 신체의 에너지를 고갈시키고, 부를 끌어당기는 데 필요한 지적인 행동이나 계획에 필요한 두뇌 에너지를 소진시키며, 계획을 실행하는 데 필요한 감정적 추진력을 약화시킨다.

크게
생각하라!

성공한 사람들은 자기 자신이나 동료의 생각과 의견을 제한 없이 크게 생각한다. 재정적 독립에 집중하면 그 과정에서 작게 생각하는 사람들을 '잃게' 된다. 그러나 한편으로는 오래 지속되는 만족스러운 친구 관계를 얻을 수 있고, 그 친구들의 도움을 받아 성공의 사다리에 오르게 될 것이다.

한번은 과묵한 여성과 만난 적이 있었는데, 이 여성

은 현재 대규모 주택과 아파트 프로젝트를 담당하고 교외의 거대한 쇼핑센터를 운영하는 대표가 되었다. 주택과 아파트, 상점이 들어서 있는 이 부지들은 지금으로부터 20년 전에는 그저 인근 고속도로에서 2킬로미터, 인근 마을에서 8킬로미터 떨어진 곳에 위치한 넓은 목초지에 불과했다.

20년 전 이곳을 보며 그녀는 부를 꿈꿨다. 물론 당시에는 다소 어리석은 꿈처럼 보였을 것이다. 그녀는 자신의 땅에 미국에서 가장 아름다운 교외 쇼핑센터가 들어서는 모습을 상상했다. 불가능해 보였지만 조용하고 담대하게 그 비전을 마음에 품었다. 꿈이 실현되면 재정적 독립은 자연스럽게 이루어질 것이었다.

몇 년 후 인근에 위치해 있던 군사 기지가 확장되었다. 군 기지에서 가까운 마을까지 오가는 교통량이 증가하면서 새로운 4차선 고속도로도 지어졌는데, 이 4차선 고속도로는 그녀의 목초지와 경계를 이루고 있었다.

부동산 중개인들이 그녀에게 토지를 팔라고 제안했지만, 그녀는 판매하지 않았다. 아직 개발되지 않아 가치가 거의 없는 땅이었으므로 파는 편이 나아 보였다. 매입을 원했던 부동산업자들과 달리, 그녀에게는 땅을 개발하는 데 필요한 돈이나 금융 자산이 없었다. 하지만 그녀는 자신의 꿈을 포기하지 않고 재정적 독립이라는 비전을 품었다.

세월이 흘렀고, 인근 마을은 계속 성장했다. 어느 날 그녀는 우연히 집 근처에서 건설 장비와 인부들을 데리고 있는 한 건설업자를 만났다. 둘은 친구가 되었다. 이후 두 사람은 그녀의 부동산과 개발 가능성에 대해 이야기를 나누었다. 그녀는 마을 주민들과 인근 군사 기지의 군인들이 시내 교통에 휘말리지 않고도 편리하게 쇼핑할 수 있는 아름다운 쇼핑센터를 짓고 싶다고 했다. 그녀의 말에 깊은 인상을 받은 건설업자는 땅을 팔지 않고도 그녀의 꿈을 이룰 수 있다고 했다.

그가 설명한 방법은 그녀가 토지를 제공하고 자신이 건축 서비스를 제공하는 법인을 설립하는 것이었다. 운이 좋게도 그에게는 건물이 완공될 때까지 필요한 융자를 지원해줄 능력 있는 백만장자 친구가 있었다.

그들은 때가 되자 법인을 설립했다. 그리고 두 명의 법인 파트너의 조언에 따라 먼저 해당 지역의 주택 부족 문제를 해소하기 위한 아파트를 지었다. 이후에는 임대 및 판매용 주택을 지었다. 그런 다음 잡화점부터 은행에 이르기까지 생활에 필요한 모든 것을 갖춘 식민지 시대 건축 양식의 아름다운 쇼핑센터를 지었다. 이렇게 그녀의 목초지는 수백 명의 사람들을 위한 복합건물이 되었다. 그녀의 거대한 쇼핑센터는 현재 남부에서 가장 아름다운 쇼핑센터 중 하나로 꼽힌다.

이 모든 것은 그녀가 큰 성공과 부, 재정적 독립의 비전을 대담하게 고수하면서, 그것을 실현하는 데 도움을 줄 자신과 같은 생각을 가진 사람들을 만날 때까지 기다린 덕분에 이루어진 것이다.

시간과 에너지를
절약하라

지금부터 그저 부유해지는 것을 넘어 재정적으로 독립하는 자신의 모습을 시각화하라. 에마 커티스 홉킨스는 다음과 같이 주장했다. "성공은 한 가지 목표에 집중하고 승리의 목표를 방해하는 모든 것을 거부하는 데 달려 있다."

당신은 인생을 통달할 준비가 됐다! 타협이라는 관념을 기꺼이 던져버릴 수 있다면 굳이 인생에서 타협할 필요는 없다. 불필요한 활동과 교제, 인간관계를 버리고 정신이 산만한 사람들과 불필요한 수다를 포기할 때 재정적 독립은 생각보다 훨씬 더 가까이, 바로 당신의 눈앞에 있다는 사실을 알게 될 것이다.

자신을 절제하고, 시간과 에너지를 절약하며, 이해관계가 일치하는, 부를 끌어당기는 생각을 가진 사람들과 어울려라. 비생산적이거나 부에 대한 비전과 관련이 없는 모든 것에서 눈을 떼고, 타인의 만족이 아닌 마음속 고요하고 작은 목소리를 만족시키려 노력하고 있다면, 당신은 재정적 독립을 향해 나아가고 있는 중이다!

많은 사람들이 재정적 독립을 원하지만, 대다수는 자기 자신과 생활 방식을 절제하지 못해 성공에 이르지 못한다. 다른 모든 것을 배제한 채 부에 집중하고 또 집중하기, 부정적이고 실패를 두려워하는 동료와 어울리지 않기, 바람직하지 않은 모든 관계를 과감하게 끊어내기, 여가 시간을 누구와 어떻게 보낼지 고심하기가 극단적으로 보일 수 있다. 그러나 일단 결심하고 나면 이러한 행동이 제한적인 생각과 감정, 활동이라는 딱딱한 껍질을 깨부수는 노력임을 알게 될 것이다. 그 시기를 지나면 다시 균형 잡힌 삶을 누릴 수 있다. 그리고 성공과 부라는 '한 가지 주제'에 집중하는 과도기를 보내고 나면 보다 높은 경제적 지위를 누릴 수 있게 된다. 새로운 열정을 발견하고, 여유가 생기고, 즐겁게 살 수 있는 것이다. 하지만 그 전에 절약과 집중이 선행되지 않으면 결코 그곳에 다다를 수 없다.

나는 이 진리를 최근 뉴스에서 30세도 채 되기 전에 보험회사의 부사장이 된 어느 남자의 이야기를 보고 깨달았다. 남자는 수년 전에 목표를 정하고, 그 목표를 이루기 위해 묵묵히 노력했다고 한다. 그는 여가 시간에도 성공에 관한 책을 읽고, 자신과 같은 생각을 가진 사람들과 어울렸다. 그의 아내는 그가 과거에는 즐겼던 사교 활동을 절제하고 있음을 알아챘다. 그는 아내에게 자신이 현재와 미래의 성공에 집중하는 데 시간을 할애하고 있다고 설명했고, 아내 역시 그와 함께 많은 시간이 소요되는 사교 행사를 기꺼이 포기했다. 이렇게 수년간의 노력과 공부 끝에 남자는 아내와 함께 전보다 많은 사교 활동을 즐길 수 있을 만큼 높은 위치에 도달했다. 그들은 새롭게 사귄 부유한 친구들과 즐거운 만남을 이어갈 수 있게 되었다.

지금부터
시작하라!

재정적 독립에 대한 기대를 품고 그것이 가져다줄 행복한 경험을 더 구체적으로 상상하는 방법은 지금 당장 하루나 한 주 또는 한 달 동안 재정적으로 독립하는 것이다.

어떤 경우든 현재나 가까운 미래에 예상되는 결과를 상상하는 편이 훨씬 쉽다. 예를 들면 일어나기 전부터 그날의 부를 확언하며 하루를 풍요롭게 시작하라. 하루의 처음을 부를 끌어당기는 생각으로 시작하고, 마지막에도 부를 끌어당기는 생각으로 마무리하라. 매일 아침 일어나기 전이나 모닝커피를 마실 때, 새로운 하루를 맞이할 준비를 글로 적거나 구두로 확언하거나 머릿속으로 선언하면서 스스로를 준비시켜라. "나는 내 삶과 일의 모든 면에서 매일 풍성한 부를 기대합니다. 나는 특히 오늘의 풍성한 부를 기대하고 감사합니다!" 이렇게 부를 끌어당기는 생각으로 시작하면 만족스럽고 가치 있는 하루를 준비할 수 있으며, 매시간이 뜻밖의 즐거움과 만족으로 채워진다.

매일 재정적 독립에 대한 확신을 갖고, 기대하고, 경험하는 마음을 키우다 보면 생각이 자연스럽게 확장되면서 재정적 독립이 매주, 매월, 매년의 습관이 된다.

재정적 독립에 대한 생각에는 어느 정도 시간을 투자해야 하는데, 매일 하는 게 가장 쉽고 효과적이며 가장 만족스러운 결과를 가져온다. 부는 이미 당신의 손안에 있으며, 당신의 인식과 수용을 기다리고 있다는 확증을 제공하기 때문이다.

열심히 일은 하지만 모든 것이 부질없게 느껴지던 회사원이 재정적 독립에 대한 생각과 기대에 집중하기 시작했더니 업무 성과가 두 배로 늘어났다는 이야기를 했다. 젊은 나이에 보험회사의 임원이 된 그는 매일 풍족한 부를 생각하고 기대하는 것이 재정적 독립을 이루는 위대한 비밀이라는 사실을 알게 되었다. 수년 전부터 그는 매일 아침마다 한 시간씩 자신이 바라는 대로 하루를 계획하기 시작했다. 달성하고 싶은 매출 목표를 마음속에 그리는 습관은 관리자로 임명된 뒤에도 매일 아침 자신이 관리하는 영업사원들과 그날의 목표 판매량을 선언하는 시간으로 이어졌다. 그렇게 매일 자기 자신과 영업사원들을 위해 풍족한 부를 생각하면서 임원의 자리까지 올라갈 수 있었다.

심각한 장애물도
극복할 수 있다

독립하기 위해서는 우선 일정한 수입을 얻어야 하므로 부정적인 태도를 버릴 필요가 있다. 대부분의 사람들은 자신이 성공할 수 없는 온갖 이유를 망설임 없이 이야기하곤 한다. 놀라운 점은 그들의 주변에는 반드시 극복해야 할 심각한 장애물이 있는 듯 보인다는 것이다.

휠체어를 타고 직장에서 지원 업무를 하는 한 소아마비 환자가 있다. 외적인 조건만 본다면 수년 전 마비 증상이 나타났을 때 일을 포기하는 편이 나았을 것이다. 그러나 그녀는 꿋꿋이 재활 치료를 받았고, 지금은 차도 직접 운전한다. 질병에 굴복하지 않는 태도를 고집했던 그녀는 병상에서 일어나 결국 재정적으로도 자립할 수 있었다.

수년 전 어느 봄날 젊은 사무원과 이야기를 나눈 적이 있는데, 그는 자신의 미래가 절망스럽고 불확실하다고 했다. 나는 그에게 정말 하고 싶은 일이 무엇인지 물었고, 그는 수줍게 "대학에 진학하여 훗날 학생들을 가르치는 일을 하고 싶다"라고 대답했다. 나는 부를 끌어당기는 생각의 힘을 이용하면 모든 것이 가능하다고 말했다. 그는 가을 학기에 맞춰 대학에 진학한 자신의 모습을 상상하기 시작했다. 나아가 모든 필요를 충족시킬 수 있는 풍요로운 삶을 끊임없이 상상했다.

하고 싶지 않은 일에서 자유로워진 모습, 하고 싶은 일에는 적극적으로 임하는 자신의 모습을 계속 상상하자 흥미로운 일이 벌어졌다. 여름이 한창이던 어느 날, 친척이 그를 찾아와 그동안 그를 지켜본 결과 그의 잠재력이 커 보인다고 말했다는 것이다. 친척은 그해 가을, 그가 대학에 진학할 수 있도록 재정적인 지원을 해주겠다고 제안했다. 그는 매우 기뻐하며 그동안 자신이 품어왔던 희망과 꿈을 털어놓았고, 친척은 자신의 예측이 맞았다며 기뻐했다.

그리고 최근 그에게서 수개월 내에 학위를 받을 예정이라는 소식을 들었다. 이 모든 것이 과감하게 독립을 꿈꾸고 원대한 비전을 품은 덕분에 생긴 일이었다.

재정적 독립을 위한
추가 지원

지금부터 재정적으로 여유가 생기면 어떤 삶을 살고 싶은지 머릿속으로 그려보라. 당신이 갖고 싶거나 경험하고 싶은 옷, 집, 취미 등을 떠올려보고 축복받은 삶의 양식을 보여주는 호화로운 광고가 실린 신문과 잡지를 살펴보라. 돈 걱정에서 벗어나 여행, 취미, 가치 있는 일, 친근한 관계에 대한 내면의 그림을 그리고 또 그려라. 개발하고 싶은 재능과 능력에 관한 책을 읽고 성취에 관한 그림으로 마음을 채우라. 재산을 통해 이루고자 하는 선한 일을 떠올려라.

부유하지 않은 모든 것에서 스스로를 해방하고 자유로워져라. 전 세계 수백만 사람들이 전쟁, 범죄, 비행, 건강 악화의 노예가 된 이유는 외부의 힘이 자신의 부를 결정한다고 믿고 타인에게 전적으로 의존하기 때문이다. 재정적 독립은 모든 사람에게 주어진 권리라는 진리를 받아들이면 태도, 행동, 반응으로 자기 자신과 타인에 대한 무지하고 파괴적인 믿음을 타파할 수 있다.

또한 금융, 경제, 투자에 대해 공부하면서 재정적 독립에 대한 기대와 믿음을 쌓아야 한다. 말 그대로 재정적 독립을 위해 기도해야 한다는 뜻이다. 자신이 매일 똑같이 돌아가는 일이라는 수레바퀴에 묶여 있는 존재가 아님을 깨달아야 한다.

재정적 독립에 이르는
10단계

당신이 재정적 독립을 향해 나아갈 수 있도록 돕기 위해 다음의 공식을 공유한다.

1. 조용히 명상하면서 재정적으로 독립하면 안 되는 이유를 자문하라. 이렇게 하면 성공을 지연시키는 마음속의 불확실성을 제거할 수 있다.

2. 당신이 재정적으로 독립하는 것이 옳다는 확신이 들었다면, 경험하고 싶은 가장 높은 수준의 재정적 독립을 머릿속에 그려본다. 원하는 수입의 액수와 독립했을 때의 생활 방식을 심상화하라. 생각을 거듭하면 할수록 더 자세히 그려질 것이다. 원하는 집, 입고 싶은 옷, 경험하고 싶은 활동, 방문하고 싶은 장소를 떠올려라.

3. 자신이 진정으로 원하는 것이 무엇인지 머릿속에 그려보라. 많은 이가 타인을 기쁘게 하려다가 결국 비참하

고 실패한 삶을 살게 된다. 당신의 삶은 타인이 아닌 오직 당신에게 주어진 신성한 선물이다.

4. 당신의 계획을 아무에게도 말해서는 안 된다. 사람들이 자신의 생각을 말해줄 수는 있어도 당신을 위해 살아줄 수는 없다. 성공을 위한 계획은 혼자 간직해야 한다. 사람들에게 당신의 계획을 말해서 그들로 하여금 비판할 기회를 제공하면 당신의 계획이 망가지거나 역풍에 휘말릴 수도 있다.

5. 재정적 독립을 실현하기 위한 첫 단계를 실행할 때는 끌리는 대로 하라. 이미 그 목표를 향해 나아가고 있다는 느낌을 받을 수 있는 일은 크든 작든 가리지 마라. 어떤 것은 6개월 내에, 어떤 것은 1년 내에, 또 어떤 것은 2년 내에 달성하겠다는 기한을 정하고 계획을 세워라. 그렇게 완전한 재정적 독립을 성취할 날을 정하라.

6. 원하는 결과가 빨리 나오지 않는다고 해서 불안해하거나 흥분하거나 속상해하지 말라. 정신적 이미지를 억지로 또는 서둘러 이루려고도 하지 말라. 불안, 흥분, 서두름, 강요를 느끼는 마음은 만족스러운 결과가 아닌 폭력적이고 실망스럽고 파괴적인 결과를 초래할 수 있다.

7. 타인의 말이나 생각에 신경 쓰지 말고, 재정적 독립에 대한 정신적 이미지를 실현하기 위해 어떤 방식이든 실천하며 조용히 인내하라. 부를 끌어당기는 생각을 통해 당신이 우주의 풍부한 물질과 함께 일하고 있으며, 우주의 법칙은 결코 바뀌지 않으므로 절대 실패할 리 없다는 점을 자주 상기하라. 당신이 재정적 독립에 대해 끊임없이 생각하고 이를 실현하기 위해 계속 노력한다면, 그 어떤 것도 당신의 성공을 막을 수 없다.

8. 재정적 독립에 대한 당신의 꿈은 정신적 차원에서는 이미 실현되었다고 볼 수 있다. 바로 당신이 그것을 원했거나 인식했던 시점에 말이다. 따라서 당신의 위대한 선은 가시화되기 전이나 후나 모두 당신의 것이며, 그것을 가시화시키는 일은 당신에게 달려 있다. 따라서 지금 당장 날 만족시키는 형태로 일어난다고 선언하라.

9. 누군가가 재정적 독립을 이루었다면 당신도 할 수 있다는 사실을 자주 상기하라. 할 수 있는 일을 조금씩 끈기 있게, 자주, 본격적으로 실행하면 그것을 무한대로 할 수 있게 된다.

10. 모든 좋은 것은 물질의 영역에 이미 존재한다는 사

실을 자주 상기하라. 높은 기대, 정신적 이미지, 부를 끌어당기는 생각과 행동을 통해 물질 영역의 주인이 되면 원하는 것은 무엇이든 끌어당길 수 있다. 세계의 역사는 인간의 모든 정신적 요구가 충족되어 왔다는 사실을 보여준다. 따라서 바로 지금 당신의 정신적 요구를 떠올려라. 고수하면 얻을 것이다!

재정적 독립은 하루아침에 이루어지지 않을 수도 있지만, 또 한편으로는 하루아침에 이루어지는 것도 가능하다. 자기 자신과 모든 사람을 위한 재정적 독립을 지속적으로 기대하고, 상상하고, 수용하면 분명 이루어질 것이다. 처음에는 성공이 가능하다고 믿기까지 약간의 노력이 필요하겠지만, 부를 끌어당기는 당신의 생각, 당신이 품은 모든 비전, 당신이 만든 풍요로운 정신적 그림을 틀림없이 실현시켜 줄 것이다.

불행을
거절하라

외국에서 전쟁을 겪은 신부가 미국인 남편과 함께 미국에 오게 되었다. 몇 년 동안은 행복했지만 전쟁에 대한 옛 기억이 떠오르기 시작했다. 그녀는 매우 불행했고 우울감을 느꼈으며, 혼란스러웠다. 남편은 결국 그녀를 폐쇄병동에 입원시켰다. 나중에는 그녀와 이혼하고 다른 사람과 재혼을 하고 말았다.

고국에서 멀리 떨어진 낯선 땅에서 불행의 한가운데 있었던 이 여성은 거절하는 마음의 태도를 배웠다. 그녀는 자신의 유일한 친구에게 편지를 썼다. "계속 이 상태로 있지 않을 거야. 도움을 받을 거야. 나아질 수 있다는 걸 알고 있어." 이후 그녀의 상태는 점차 호전되기 시작했다. 머지 않아 병원에서 퇴원한 그녀는 병원에서 근무하게 되었다. 그녀는 친구에게 "봤지, 내가 나을 수 있다고 했지"라고 말했다. 그녀는 곧 새 직장에서 만난 의사와 결혼했다.

불행한 경험을 수용하지 않고 즉시 거절했다면 좋았을 텐데!

부정하는 마음을 가질 때 부정을 떠올린다고 그것이 문제를 끌어당기지는 않는다. 부정하는 마음의 태도는 최선이 아닌 것을 강조하는 사람들의 이야기나 경험하고 싶지 않은 것에 주의를 기울이지 않겠다고 거절하는 것이다. 세상이나 타인의 문제를 큰 소리로 장황하게 이야기해서 문제를 키우지만 말고, 문제를 바로잡기 위해 할 수 있는 건설적인 일을 하자.

사람들이 부정적인 이야기로 당신을 화나게 하거나

귀찮게 하려 할 때는 '아니, 아니, 아니, 나는 그런 말을 듣고 싶지 않아. 나는 그 말을 진실이나 필요한 것으로 받아들일 수 없어'라고 생각하라. 그러면 그들은 곧 대화의 주제를 건설적인 주제로 전환하거나 자리를 뜰 것이다!

이와 마찬가지로 불만족스러운 상황을 무조건 참아야 한다고 생각하지 말고 그 상황에 '아니요'라고 선언함으로써 거절의 힘을 사용하라. "아니요, 저는 이 상황을 받아들일 필요가 없습니다. 어떤 상황도 나를 실망시킬 수 없습니다."

'세금이나 물가, 실업률에 관계없이, 나의 재정 수입은 풍성하게 증가할 수 있고 실제로 증가하고 있다.'

시끄럽거나 어수선하거나 불행한 상황을 거절하는 마음의 힘을 사용하면, 상황에 휘둘리지 않고 상황을 정신적·정서적으로 통제할 수 있게 된다. 그 상황을 극복하기 위해 외적으로 어떤 조치를 취해야 하는지도 알게 된다.

명상은 문제를
해결한다

나는 종종 침묵 명상을 통해 하루 일과, 강의, 글쓰기를 계획한다. 영적인 능력이 고도로 발달한 사람만 침묵 명상의 힘을 구사할 수 있는 것은 아니다. 나는 비즈니스 세계에서도 명상의 힘을 자주 사용했다.

고요히 앉아 문제에 대해 명상하면 놀라운 결과를 얻을 수 있다. '신성한 해결책은 숭고한 해결책이다. 나는 지금 신성한 해결책을 요청하고 수용한다.' 이러한 생각을 바탕으로 마음을 확장한다. 그러면 걱정이나 문제와 싸우느라 소모되는 '두려움의 에너지'가 '믿음의 에너지'로 전환되면서 올바른 생각과 답이 떠오른다.

어느 엔지니어링 회사의 임원도 이 방법을 사용한다고 했다. 그는 부하 직원들과 프로젝트를 진행하다가 어려움에 부딪히면, 서재에 들어가 신성한 관점에서 조용히 묵상하는 시간을 갖는데, 그러면 반드시 해결책이 나온다고 한다.

후배 임원 중 하나가 그에게 절박한 순간에 답을 생각해 내는 비결이 뭐냐고 물었다. 그가 알려주자 후배는 "문제에 집중하는 게 아니라 해결책을 묵상한다는 말씀이세요?"라며 회의적인 반응을 보였다. 비즈니스 세계에는 '내면의 지름길'이 아닌 외부적인 방법으로 문제를 해결하려는 초조하고 긴장한 사람들이 가득하다.

누구나 매일 조용히 명상하는 시간이 필요하다. 힘의 비밀은 매일 하는 명상에 있다. 명상을 통해서만 확실한 지식, 새로운 경험, 확고한 목적의식, 미지의 것을 상대로

　　　　　　　　　부를 불러오는 다른 법칙들

거두는 승리의 힘을 얻을 수 있다. 매일 명상을 하면 고요한 고독의 시간을 소홀히 하지 않게 되고, 어떤 활동과 요구는 응하지 않는 것이 최선이라는 사실도 알게 된다.

세상에서 벗어나 명상에 들어갈 때는 실패는 생각하지 않는 편이 좋다. 대신 마음을 진정시키고 집중하라. 가능하면 사소한 걱정거리를 잠시 내려놓고 집중해보자. 아주 간단하지만 명상에 도움이 되는 생각을 해보자. '나는 유일무이한 존재다.' '내 뜻을 모두 이루리.' '사랑합니다.' '감사합니다.' '오늘도 기쁘고 즐겁게.' '나는 잠잠하고 고요하다.'

명상이 익숙해지기 전에는 육체적 긴장, 두려움, 과민반응, 일상의 모든 작은 소란을 어떻게 진정시키는지 알 수 없다. 고독의 시간은 평안과 쇄신의 시간인 것이다.

명상하라! 명상은 평화와 능력, 풍요의 비밀이다.

12장

당신이 가진
천재적인 능력들

사람은 누구나 관찰력과 지각력이라는 일반 능력 외에도 직관력과 창조적 상상력이라는 깊은 마음의 자질, 그리고 다음 장에서 설명할 특별한 능력을 함께 지니고 있다.

    세상에서 천재적 재능을 가졌다고 인정받는 사람들은 자신의 내면과 창의적 상상력의 안내에 귀를 기울이고, 그것을 따르는 용기와 자신감을 가진 사람들이다. 내면의 인도를 따라가다 보면 대개 매우 놀라운 결과가 나오기 때문에 특별한 재능이 있다고 믿게 되는 것이다. 그러나 그들은 실제로 특별한 능력보다는, 대부분의 사람들과는 달리 마음의 힘을 억누르지 않고 직관과 창의적 상상력을 적극적으로 사용한다. 따라서 우리도 직관과 창의적 상상력을 자극해 부와 성공, 만족스러운 삶을 가져다주는 천재적인 능력을 충분히 발휘할 수 있다.

　천재적인 능력을 계발하다 보면 헨리 데이비드 소로가 말한 '다른 북소리'가 들려올 때가 있다. 나는 직관이 고도로 발달한 편인데, 예전에는 이것을 이해하지 못해 종종 혼란스러웠다. 직관을 따르는 것은 이상하고 괴이하며 심지어 비정상적이라는 인상까지 받았다. 어렸을 때는 직관이 무엇인지, 왜 직관의 지시를 따라야 한다고 느끼는지 설명할 수 없었다. 그러나 결국 직감, 내면의 충동, 또는 '육감'을 따르지 않으면 세상이 혼란스럽고 불행해진다는 것을 깨달았다. 그와 동시에 직감을 충실히 따르면 필연적으로 올바른 결과가 나온다는 사실 또한 알게 되었다.

　독창성이 풍부한 많은 사람들을 보면, 세상이 주는 생각에서 벗어나 새롭고 창의적인 지식을 자유롭게 표현한다. 지금 우리가 살고 있는 이 흥미진진하고 진보적인 시대에는 이런 독창적인 사고가 필요하다.

　그런데 부의 관점에서 살펴보면 사람들은 자신의 천재적인 직관력과 창의적인 상상력으로 무엇을 해야 할지 모른다. 때때로 몇몇 사람이 자신의 번뜩이는 내면의 느낌을 깨달은 뒤 그것을 억누르지 않고 발전시켜 겉으로 표현하면, 그 사람은 주변 동료들 사이에서 이상한 사람이나 비정상적인 사람으로 여겨진다. 심지어 우리는 그런 사람들을 진지하게 받아들여서는 안 된다고 배운다.

당신은 천재적인 능력을
갖추고 있다

그러나 깨달음의 시대를 살아가고 있는 우리는 인간으로서 갖추고 있는 오감 외에도 영적 존재로서 마음의 힘까지 갖추고 태어났으나, 그것을 인식하지도 사용하지도 못하고 있다는 사실을 깨닫기 시작했다. 바로 우리가 인식하지 못하는 이 마음의 능력에 풍족하고 성공적인 삶을 만들어내는 천재적인 힘이 있는 것이다.

우리는 주로 외부 세계의 활동에 관심을 가지며 직관의 안내에는 귀 기울이지 않는다. 최근 한 사업가는 우리가 만약 직관의 안내를 기록한다면, 직관이 얼마나 자주 우리에게 올바른 길을 알려주는지 알고 놀라게 될 것이라고 말했다.

'여자의 직감'이라는 말은 다소 유머러스하게 사용되는 경우가 많다. 보통은 여성의 직관이라고 하면 사소하지만 신기한 특성이라고 생각하는 반면, 남성의 직관은 거의 신뢰할 수 없다고 보는 것이 일반적인 생각이다. 하지만 이제 우리는 남녀를 막론하고 누구나 직관을 가지고 있다는 사실을 알게 되었다. 여성의 직관력이 남성의 직관력에 비해 눈에 띄게 발달한 것처럼 보인다면, 그것은 아마도 남성의 관심이 비즈니스 세계를 비롯한 외부적인 일에 더

쏠려 있기 때문일 것이다. 그러나 이러한 이해관계는 마음의 힘을 계발할 때 주의를 산만하게 한다. 남성들과는 다르게 여성들의 전통적인 활동 영역은 비교적 조용한 가정이었는데, 이는 직관이 내적 자극에 반응하기 좋은 환경이었다. 하지만 현대에 이르러서는 상황이 달라졌다. 남성과 마찬가지로 여성의 관심 역시 비즈니스와 기타 외부 활동에 쏠린 것이다. 직관력이라는 우리의 천재적인 능력을 계발하기 위해서는 명확한 지침이 필요하다.

직관력을
계발해야 한다

사전에서는 직관을 '의식적인 추론 없이 무언가를 즉각적으로 알거나 배우는 것, 또는 즉각적인 이해'로 정의하고 있다. 직관은 말 그대로 내면의 앎이다. 이를테면 라디오 수신기가 전파를 수신하는 것처럼 아이디어나 계획, 생각이 불현듯 의식으로 들어오는 것이다.

획일화된 시대에 진정한 성취를 이루기 위해서는 '남들과 다르게 행동하는 용기'로 자신만의 뚜렷한 개성을 표현해야 한다는 사실을 잊지 말라. 그렇다고 독불장군이 되라는 뜻은 아니다! 하지만 찰스 필모어가 말한 것처럼 "평범한 교육을 받고 틀에 박힌 일상을 보내면 평생 독창적인 생각은 하지 못하고 평범한 삶을 살게 된다"라는 사실을 명심해야 한다.

최근 우리 사회에서는 특정 사고와 행동의 틀에 맞지 않는 개인은 사회 부적응자라는 믿음이 널리 퍼져 있었다. 엄격한 순응에 대한 압력은 여전히 존재하지만, 이러한 순응의 위험성을 개선하고자 하는 움직임이 있다. 예를 들어 최근 일부 대기업이 태도를 바꾸고 있는데, 직원들의 순응이 결국 생산의 정체와 감소로 이어진다는 사실을 깨달은 것이다. 이에 따라 조직은 개성을 자극할 방법을 새롭게 모색하고 있다.

미국이 거의 모든 분야에서 발전할 수 있었던 이유는 독창성과 개인주의를 존중한 덕분이다. 어느 작가가 지적하길, 새로운 시대는 '대담하고 끈질긴 개인주의'를 요구하며, 이러한 특성은 일반적으로 내면의 소리를 듣고 직관을 따르는 사람에게서 발견된다고 했다.

자신의 직관이 비현실적으로 보여서 따르지 않았을 수도 있고, 행동하기 전에 이성적으로 따져보려고 기다렸을 수도 있다. 직관은 설명할 수 없는 마음의 영역이기 때문에 이성과는 무관하다. 그것은 단순히 길을 보여줄 뿐이며, 그것을 따르거나 무시하는 것은 당신의 의지에 달려 있다.

천재적인 사람들은 굳이 이성적으로 따지지 않고도 내면의 메시지를 따를 수 있는 자신감과 믿음을 가지고 있다. 그래서 천재라고 불리는 것이다. 보통 사람들은 대개 '증거'가 나올 때까지 기다리면서 지적 질문과 갈등 속에서 허둥댄다.

직관은 내면에서 발현되기도 하고 외부에서 다가오기도 하지만, 당신이 허용하기만 하면 결국 당신에게 올 것이다.

'예'와 '아니오'를
알려주는 직관

직관은 '예'인지, '아니오'인지를 알려준다. '예'라는 직관의 메시지는 종종 조용하고 부드러운 방식으로 나타나기 때문에 처음에는 무시하기 쉽다. 직관은 당신을 설득하지는 않지만, 무시를 당하면 당신이 인식할 때까지 당신의 마음을 부드럽게 두드린다.

한편 '아니오'라는 직관의 메시지는 뚜렷하게 나타난다. 지난 수년 동안 내게 직감이 살아나는 유일한 순간은 내면의 불안감, 불편함, 불만을 통해 '아니오'라고 단호하게 말할 때뿐이었던 것 같다. '아니오'라는 직관의 메시지는 크고 단호하게 들린다. 또한 따르지 않고는 떨쳐낼 수 없는 불편한 느낌을 준다.

　매일 분주한 생각에서 벗어나 편안하게 직관의 메시지를 받아들이는 조용한 시간을 가지면 '예'와 '아니오'를 구분하고 안내를 구하는 법을 배울 수 있다. 직관은 강요하지 않으며, 자신이 가장 효과적으로 작동할 수 있는 편안한 분위기가 조성될 때까지 인내하며 기다린다. 그러나 필요할 때는 마음이 바쁠 경우에도 작동한다.

직관은 외부에서
오기도 한다

직관은 외부에서 나타날 수도 있다. 친구의 말, 책이나 잡지의 한 구절, 주변에서 일어나는 일련의 사건으로 내면의 지시를 받기도 한다.

　휴가를 가야 할지 고민이 된다며 조언을 구한 친구가 있었다. 그녀는 아무런 끌림을 느끼지 못했다. 그런데 잡지를 훑어보던 중에 굵은 글씨로 쓰인 한 문구가 그녀의 눈길을 사로잡았다. "다녀오는 게 어때?" 그 순간 마음의 결정이 내려졌다! 그녀가 그 생각을 받아들이자, 휴가를 떠날 수 있는 길이 빠르게 열렸다.

직관이 우리에게 자극을 주는 외적인 방식은 흥미롭고 다양하다.

아들의 행동을 감당하기 버거운 한 엄마가 있었다. 집을 떠나 생활하기에는 아직 어린 아들이었지만, 기숙학교에 보낼 가능성도 고려하고 있었다. 그녀는 어떻게 할지 고민하다가 구체적인 지시를 구해야겠다고 생각했다. 그리고 얼마 지나지 않아 신문을 펼쳤는데, 이런 글귀가 눈에 확 띄었다. "가정은 어려움을 겪는 아이들을 위한 곳입니다." 그녀는 아이를 다른 곳에 보내려고 했던 생각을 접었다. 그 후 아들에게 애정과 관심을 더 많이 기울였고, 아들의 행동도 금방 개선되었다.

당신의 두 번째 천재적인 힘은
창의적인 상상력이다

창의적인 상상력은 흥미로운 방식으로 사용할 수 있다. 이것은 개인의 입장에서 보면 아주 간단하면서도 즐거운 방법을 통해 부를 끌어당기는 힘으로 발전시킬 수 있다.

우리는 앞으로 일어날 일들과 부를 얻기 위한 실행에 있어 통제력을 얻기를 원한다. 그렇다면 매일 밤 하루를 마무리할 때 다음 날의 계획을 생각하는 것이 좋다. 상상력의 천재적인 힘을 이용하고자 한다면, 다음의 기법을 사용하라.

내일의 일이 어떻게 진행될지 걱정하거나 고민하지 말고, 일정과 관련된 모든 것을 의식적으로 생각한다. 이른 아침에 하는 활동부터 모든 예정된 일정을 정리하라. 괴로운 감정을 느끼게 할 만한 사건이 생길지도 모른다는 생각이 들 때마다 내일 경험했으면 하는 긍정적인 전개를 기분 좋게 상상하고, 부정적 감정을 통제한다.

이로써 당신은 창의적인 상상력으로 각 상황에 적합한 외부 작업을 한 것이다. 따라서 이제부터는 환경, 상황, 사람 등 모든 것이 완벽하게 작동하면서 완벽한 성취를 향해 나아갈 것이다. 이는 마음의 힘으로 가족, 일, 사회 문제에 더 큰 선을 불러오는 강력한 방법이다.

창의적인 상상력은
불행한 기억을 희석할 수 있다

창의적인 상상력은 불행한 기억, 사업 실패, 불화 등 과거의 부정적인 기억을 희석해 주기도 한다. 신성한 지성의 영역에는 과거, 현재, 미래, 즉 시간적 요소가 존재하지 않는다. 당신은 이 거대한 지능의 한가운데서 살고 움직이고 존재하므로 과거, 현재, 미래를 지배할 수 있다. 따라서 과거의 상황 중 영원히 지우거나 정리하고 싶은 요소가 있다면 다음과 같이 실행하라.

시간, 장소, 또는 관계된 사람들을 떠올리고 그 상황을 구성했던 요소들을 확인한 다음 그 경험을 당신이 원하는 대로 재구성한다. 부정적인 기억을 건설적으로 재구성하면, 사랑스럽고 긍정적인 사고 패턴이 부정적인 사고 패턴의 자리를 대신하게 된다.

그 기억과 관련된 사람들이 아직 지구상에 있든 그렇지 않든, 그들에게 이렇게 선언하라. "나는 당신을 축복합니다. 나는 나 자신과 당신을 위해 선만이 이 경험의 전부임을 주장합니다. 다른 모든 것은 이제 영원히 사라졌습니다." 겉으로 드러나거나 혹은 마음속 깊이 자리 잡은 부정적인 감정이 터져 나오려고 하면 이렇게 확언하라. "지금부터 영원히 사라지소서."

이 방법을 사용하면 당신의 마음은 오랫동안 혼란스럽고 답답했던 부정적인 기억으로부터 해방될 수 있다. 이후에는 그 어느 때보다 마음이 가볍고 자유로워짐을 느낄 수 있을 것이다. 부정적인 기억이 차지하고 있던 공간은 금세 새롭고 풍요로운 아이디어로 채워지기 시작한다. 창의적인 상상력은 이렇게 당신을 위한 새로운 선을 찾는다.

다른 사람과
함께할 수 있다

많은 사람들이 공동 작업과 아이디어 교환을 통해 큰 부자가 되었다. 두 사람이 하나의 목표에 대해 조화로운 생각을 하기 시작하면 마음의 힘 또한 두 배로 커지고 목표 달성에 필요한 더 많은 에너지와 아이디어가 만들어진다.

신뢰할 수 있는 가족이나 친구면 충분하다. 당신이 신뢰하는 사람이 당신과 완전한 조화를 이루는 것과 당신의 문제나 아이디어를 다른 사람에게 발설하지 않는 것이 선의 천재적인 힘을 발휘할 수 있는 유일한 조건이다. 이러한 조건에서 '고요함과 확신'은 진정한 힘이다.

신뢰할 만한 사람에게 속마음을 털어놓음으로써 마음의 짐을 완전히 내려놓고 그들의 생각과 기도를 구하는 것은 좋은 일이다. 그런 사람과 함께 상황을 의논하기만 해도 새로운 아이디어와 관점, 올바른 결과가 빠른 시간 안에 나타날 것이다.

두 사람의 마음이 하나의 목적을 향해 합쳐지면 고상한 아이디어와 편재하는 지성의 힘이 올바른 방법을 알려준다.

창의적 상상력을 통해
우울감을 극복하라

기분이 처지거나 우울감이 느껴지고 의욕도 없어 나아갈 수 없을 때는 창의적 상상력을 사용해야 한다. 마음을 털어놓을 수 있는 사람과 이야기를 나누면서 신선하고 고양된 관점을 얻어라. 혼자서 감당하기 어려울 때는 다른 사람의 도움을 통해 당신의 자신감을 회복할 수 있다.

몇 년 전 회사 동료가 내게 호통을 친 적이 있다. 그녀는 내가 구제불능에다 끈기가 없고, 성공에 필요한 자질이 없다며 내가 회사에서 나가야 한다고 선언했다. 그 전까지 내가 하는 일에 격려를 아끼지 않았던 동료였기에 그녀의 말은 내게 너무나도 큰 충격으로 다가왔다. 만일 당시에 내가 창의적 상상력을 이용하는 법을 몰랐다면 그 자리에서 포기했을지도 모른다.

나는 그때 한 사람의 도움만으로도 상황의 흐름을 바꾸고 부정적인 생각에 대응할 수 있다는 생각이 떠올랐다. 괴로워하던 나는 믿을 수 있는 한 친구에게 그간의 일을 자세히 털어놓았고, 친구는 내가 들었던 부정적인 말을 전부 바꿔줬다. "네가 실패자가 아니라는 사실을 너 스스로도 잘 알잖아. 넌 이미 여러 번 성공했고 앞으로도 계속 성공할 거야. 무엇보다 '네가 회사에서 나갈 일은 없어.' 나가는 게 아니라 오히려 '올라가는' 중이잖아!" 친구는 내가 들은 부정적인 말이 전혀 중요하지 않다고 강조했다. 중요한 것은 그 말에 대한 나의 반응이었다. 이해심 많은 친구의 도움으로 나는 자신감을 회복할 수 있었다. 사실 친구가 했던 말 중 기억에 남은 부분은 "넌 올라가는 중이잖아!"라는 행복하고 긍정적인 말뿐이었다. 나는 종종 그 말을 확언했다.

가족을 위해
창의적 상상력을 사용하라

선의의 힘으로 창의적 상상력을 확장하는 브레인스토밍 기법에 대해 들어본 적이 것이다. 비즈니스를 목적으로 한 자리에 모인 사람들은 목표를 의논하고, 이를 달성하기 위한 아이디어를 조합하여 놀라운 결과를 만들어낸다. 회사에서는 목표나 목적 또는 계획을 제시하면, '의심이 많은 사람'에게 제시한 목표를 달성할 수 없는 이유를 말해 달라고 한다. 그렇게 구성원 모두가 목표에 관한 부정적인 생각을 지우고 나면, 그룹의 리더가 "이제 우리는 목표를 달성할 수 없는 방법과 이유를 알았습니다. 그러나 이것은 우리의 목적이 아닙니다. 우리의 목적은 목표를 달성하는 것입니다"라고 선언한다. 그런 다음 구성원들에게 목표를 달성하기 위한 제안을 받아서 이 아이디어를 바탕으로 계획을 세운다.

가정에서 창의적인 상상력의 천재적인 힘을 발휘하는 놀라운 방법은 온 가족이 둘러앉아 목표에 동의하는 것이다. 부모와 자녀가 소모적인 싸움을 하지 않고 최선의 결과를 얻을 수 있는 방법은 그러한 욕구를 달성하는 일에 자녀를 동참시키는 것이다.

내가 아는 어느 가족은 다음과 같은 방법을 사용한다. 자녀들에게 각자의 소망 목록을 작성하게 한 뒤, 여기에 가족을 위한 소망도 적으라고 한다. 흥미롭게도 가족들이 목표에 합의하고 마음의 힘을 합치자, 만족스러운 결과들이 나왔다.

당신의 천재적인 힘은
조화에 반응한다

공동의 목적이 있는 경우, 목적에 동의하는 사람들이 조화를 이룰 때 큰 힘을 발휘할 수 있다. 또한 조화를 이루는 과정에서 목표를 이루기 위한 능력과 아이디어를 찾기도 한다. 이런 식으로 함께 목표에 대해 생각하기만 해도 그 목표를 달성할 수 있는 방법이 드러나지만, 이를 위해서는 무엇보다 인내심을 갖고 집중해야 한다.

기업이나 조직에서 창의적 상상력의 천재적인 힘을 발휘하려면 조화와 합의, 상호 동의, 공동의 목적이 매우 중요하다. 함께 일하는 사람 중 한 명이라도 목표에 동의하지 않으면 의심, 두려움, 반목에 관한 생각이 주변 공기를 가득 채우게 되고, 이러한 부정적인 분위기에 의해 창의적인 아이디어의 흐름이 방해를 받는다. 즉, 기업의 관점에서는 신중하게 직원을 선택해야만 창의적 상상력의 천재적인 힘을 발휘할 수 있는 것이다.

직관과 창의적 상상력이라는 두 천재적 능력은 모두 마음이 조화를 이룰 때 가장 잘 발산된다. 당신의 천재적 능력은 수용적인 마음과 분위기에서만 강력하게 발휘되는 섬세한 힘인 것이다.

침묵도
필요하다

직관과 창의적 상상력은 침묵과 고립의 시간, 특히 휴식과 안정을 취할 때 잘 작동한다. 나는 주로 잠자리에 들기 직전에 직관의 인도하심을 경험하고 창의적 상상력으로 아

부를 불러오는 다른 법칙들

이디어를 얻는 경우가 많다.

한번은 바쁜 하루를 보내고 저녁 시간에 집에서 조용히 편안하게 앉아 있었다. 아들도 잠자리에 든 평화로운 시간이었다. 그때 문득 머릿속에 어떤 재정적 문제가 떠올랐다. 어떻게 처리해야 할지 몰라 마음 한구석에 담아두었던 문제였다. 다시 생각난 이상, 앞으로 며칠 내로 어떻게 할지 결정을 내려야 했다.

나는 이렇게 물었다. '이 재정 문제의 진실은 무엇일까? 이 문제는 어떻게 처리해야 할까?' 그러자 순식간에 명확한 아이디어가 떠올랐고, 문제를 처리할 구체적인 방법까지 생각났다. 아주 논리적이고 합리적인 방법인 것 같지는 않았지만, 다음 날 나는 그 방법을 실행에 옮겼다. 내면의 인도를 따르니 일은 논리적으로 전개되었고, 결과는 완벽했다.

침묵의 힘을
과소평가하지 말라

조용한 시간, 사색하는 시간, 평화로운 시간, 마음이 편안하고 다소 한가할 때야말로 내면의 힘이 당신의 주의를 끌고 당신을 통해 진정한 천재성을 발휘할 수 있는 가장 좋은 시간이다.

내면의 소리에 귀를 기울이면 풍부한 아이디어, 참신한 생각, 삶을 편안하고 풍요롭게 하는 지적 아이디어를 얻을 수 있다.

어느 기업의 임원은 최근 자기만의 조용한 시간을 가진 이후 얻게 된 놀라운 결과를 내게 말해주었다.

은퇴를 앞두고 있었지만 아직은 흔들의자에 앉아 시간을 보낼 때가 아니라고 생각한 그는 만족스러운 일이 올 것이라고 확언하기 시작했다. 하지만 만족스러운 일을 하려면 누구와 접촉을 해야 할지 몰라 조용히 사무실에 앉아 많은 시간을 보냈다.

어느 날 그가 로터리클럽 오찬을 마치고 돌아와 조용히 앉아 있는데, 이 상황에 대한 신성한 해결책이 있다는 것, 즉 자신이 해야 할 완벽한 일이 있다는 것, 그리고 그에 대한 진실이 자신에게 계시되고 있다는 것을 다시금 깨닫기 시작했다.

그때 그의 비서가 점심시간에 전화가 왔었다고 보고했다. 다른 지역에 있는 회사에서 지금과 비슷한 직책을 맡아 달라고 제안하는 전화였다.

그로부터 일주일 뒤에는 또 다른 회사로부터 스카우트 제안을 받았다.

두 회사가 어떻게 그에 대해 알게 되었는지는 그도 모

른다고 한다. 그는 계속 일하고 싶다는 의사를 누구에게도 털어놓은 적이 없었다.

얼마 지나지 않아 그는 직장을 그만두고 집을 팔아 이직을 하기 위해 다른 지역으로 갔는데, 그곳에서 엄청난 부를 일궜다.

천재적인 힘은
자신감을 키워준다

직관과 창의적 상상력을 계발하면 과거, 현재, 미래에 더 큰 자신감을 느끼고 발산할 수 있다. 내면에서 느껴지는 감정, 직감, 아이디어를 관찰하면서 '예'와 '아니오'를 판단하는 내면의 직관을 계발하라. 그런 다음 신성한 직관에게 길을 알려 달라고 요청한 후 관심이 가는 사건, 상황, 강렬한 메시지를 관찰하면서 외적 직관을 계발하라.

만족스러운 과거, 현재, 미래를 상상하고, 신뢰하는 사람들과 대화를 나누며, 원하는 결과를 위해 노력하는 데 동의하는 사람들과 모임을 만들어 창의적 상상력을 계발하라. 모임의 구성원은 비즈니스를 함께하는 사람이 될 수도 있고, 가족이나 신뢰하는 친구가 될 수도 있다. 이렇게 간단한 방법으로 부를 얻는 데 필요한 천재적인 힘을 개발하고, 발휘하고, 발산할 수 있다.

　　당신의 천재적인 능력을 과소평가하지 말라! 당신의 능력은 당신에게 더 큰 행복과 성공, 능력에 대한 자신감을 주고 싶어 한다. 왜 그렇지 않겠는가?

13장

당신이 가진
특별한 능력

새로운 시대를 맞이해 이전 시대까지 거의 잠자고 있던 깊은 마음의 힘이 점점 깨어나고 있다. 과학계에서는 이 마음의 힘을 텔레파시, 투시력, 일반적인 초감각적 지각과 인지, 염력 등으로 설명한다. 과학적 관점뿐만 아니라 부의 관점에서 특별한 마음의 힘을 생각해보자.

텔레파시는
고대의 기술이다

텔레파시는 시각, 청각, 촉각 등 우리가 아는 감각을 통하지 않고 타인의 정신 활동을 인식하는 능력을 말한다. 신체적 감각이나 기계적 장치를 사용하지 않고 타인과 소통할 때, 마음과 마음이 생각을 주고받는 능력이 곧 텔레파시이다.

텔레파시는 특별한 것이 아니다. 하와이 원주민들은 백인들이 등장해 '문명화'하기 전부터 수세기 동안 텔레파시를 사용했다. 타히티에서도 오랫동안 텔레파시가 광범위하게 사용되었다. 일부 아프리카 국가에서는 정치적 결정이 발표되기 며칠 전 텔레파시로 미리 전달받는다고 한다. 극동 지역의 성자들과 스승들은 수세기 동안 정신 수련의 한 방법으로 텔레파시를 사용해왔다.

특별한 관심을 기울이고 훈련하면, 텔레파시 능력을 우연히 발휘하는 것 이상의 수준으로 계발할 수 있다.

텔레파시 능력을 올바르게 계발하면 풍족하고 성공적인 삶을 훨씬 빨리 경험할 수 있다. 하지만 이 특별한 능력은 부를 끌어당기는 힘의 한 측면일 뿐이다. 텔레파시에 매료되어 다른 특별한 힘들을 배제하지 않도록 주의하자.

텔레파시를
계발하는 방법

과거에 대중이 텔레파시와 같은 특별한 능력을 진지하게

받아들이지 않았던 이유는 아마도 텔레파시나 투시 능력을 가진 사람들이 정신적으로 문제가 있거나 터무니없어 보였기 때문일 것이다.

마음의 특별한 힘은 더욱 풍요롭고 성공적이고 균형 잡힌 삶을 살기 위해 계발해야 하고 또 계발할 수 있다. 이 장에 있는 제안을 따라 하다 보면 특별한 힘을 사용하여 혜택을 누릴 수 있다. 그렇게 하려면 다음을 확언하라. "신성한 텔레파시가 이제 부를 끌어당기는 특별한 능력에 관한 진실을 내게 알려주고 있다."

상호 이익을 위해 연락하고 싶은 사람이 있는데 직접적인 접촉은 불편할 때 이렇게 확언하면 텔레파시로 접촉할 수 있다. '신성한 텔레파시가 이제 이 상황에 관한 모든 진실을 당신과 내게, 우리에게 알려준다.'

최근에 나는 수 년 동안 연락이 닿지 않았던 어린 시절 친구와 연락을 하고 싶다는 생각이 들었다. 결혼도 하고 많은 변화가 있었다는 소식을 듣기는 했지만, 그녀가 어디에 사는지 알 수 없었다. 시간과 노력을 들이면 찾아낼 수 있겠지만, 그렇게까지 하고 싶지는 않았다. 그래도 그녀의 소식을 듣고 싶었다. 그녀가 머릿속에 다시 떠올랐을 때 나는 이렇게 생각했다. '나는 그녀가 어디에 있는지 모르니 신성한 텔레파시가 나를 위해 그녀에게 연락을 해줄 것이다.' 약 열흘 후, 나는 우편함에 꽂힌 그녀의 편지를 보고는 깜짝 놀랐다. 편지에는 내가 하고 싶었던 모든 질문에 대한 그녀의 답과 주소가 적혀 있었다.

바쁜 하루를 지내다 보면 당장은 처리할 수 없는 욕구가 종종 생긴다. 관련된 사람들을 떠올리고 신성한 텔레파시가 그들이 알아야 할 것을 알려주고 있다고 생각하며 그들을 축복하면, 그들이 텔레파시로 당신의 생각을 수용하고 적절한 행동으로 응답할 것이다.

텔레파시는 조화를
이루는 힘이다

텔레파시 능력을 계발하면 불필요한 대화나 전화, 편지 등 시간이 많이 걸리는 피곤한 활동을 줄일 수 있다. 텔레파시 능력을 이용해 평정심을 유지하고 필수적인 업무도 수월하게 처리할 수 있다.

마감을 앞둔 직장인이 있었다. 마감 전날 저녁이 되자 그녀는 기술적 도움이 절실하다는 것을 깨달았다. 도움이 될 친구의 이름이 계속 떠올랐지만 저녁이 되어도 친구는 전화를 받지 않았고, 어디에 있는지도 알 수 없었다. 늦은 시간에 부탁을 하는 것이 미안하게 느껴져서 결국 연락하는 것을 포기하고 가볍게 생각했다. '친구가 나를 도와주기로 되어 있다면 텔레파시가 그녀에게 알려줄 거야. 그게 아니라면, 이 상황에 대한 신성한 해결책이 지금 내게 올 거야.'

15분 만에 전화가 울렸다. "시내에서 저녁을 먹고 있는데, 오늘 밤 네게 내 도움이 필요할 것 같은 느낌이 들었어. 필요하면 내가 도와줄 수 있어." 두 사람은 30분 만에 만나서 프로젝트를 완료하기 위해 분주하게 움직였다.

큰 도움이 필요한 목사가 있었다. 그는 멀리 있는 지역으로 이사를 간 마음 통하는 친구와 이야기를 나누고 싶었다.

그에게 계속 이런 생각이 들었다. '지금 상황을 친구에게 털어놓으면 기분이 훨씬 나아질 텐데. 그 친구라면 이 상황을 이해할 수 있도록 도와줄 거야.'

멀리 떨어진 곳에 사는 친구는 다음 날 아침 일찍 목사를 생각하며 잠에서 깼다. 잠시 후 그는 친구와 대화를 나누고 싶다는 생각이 들어 그에게 전화를 걸었다. 목사는 "이거 이상하네. 오늘 결정을 내려야 하는데, 너와 이야기를 나누면 다 해결할 수 있을 것 같은 생각이 계속 들었어. 예전에 연락을 너무 자주해서 전화를 하는 것이 망설여졌어"라고 말했다. 두 사람은 함께 문제를 의논하고 만족스러운 해결책을 찾았다.

누구나 텔레파시 능력을
가지고 있다

누구나 텔레파시 능력을 가지고 있다. 이 사실을 깨닫고 텔레파시 능력을 건설적인 방향으로 계발하는 것이 중요하다. 물론 텔레파시 능력도 다른 힘과 마찬가지로 자신의 생각과 행동 방식을 타인에게 강요하거나 유도하는 데 사용해서는 안 된다. 그것은 파괴적인 행위이므로 당신에게도 파괴적인 경험으로 이어질 것이다.

　최근에 나는 마음의 깊은 힘에 매료되어 이를 계발하기 위해 집중적인 노력을 기울인 사람을 알게 되었다. 그는 자신을 기쁘게 하는 일을 사람들에게 강요하기 위해 이기적으로 텔레파시 능력을 사용했다. 그는 자신을 드러내지 않고 사람들을 화나게 하거나 정서적으로 불안하게 만들었다.

　이기적이고 파괴적인 목적으로 마음의 힘을 사용하면 그 힘은 줄어든다. 마음의 힘을 타인에게 오용하거나 남용하려 하면, 그 힘은 사라지고 부정적인 결과가 나오게 된다. 앞서 언급한 남성은 사생활이 복잡해지고 건강도 나빠졌다. 타인에게 마음의 힘을 오용한 또 다른 사람은 신경쇠약에 걸리고 알코올 의존증에 걸렸다가 결국 시설에 입소하게 되었다. 신성한 텔레파시가 관련된 모든 사람을 위한 최고의 선을 이루기 위해 필요한 것을 드러낸다고 확언하면 정신적 파멸을 피할 수 있다.

확언과 함께 텔레파시 능력을 계발하는 실용적인 방법은 문제의 상황이나 사람 또는 조건을 떠올리는 것이다. 그런 다음 그 사람의 이름과 궁금한 것을 적고 매일 조용히 앉아 그 사람의 이름을 보며 그 사람을 떠올리고 물어보는 시간을 갖는다. 가만히 앉아 머릿속에 떠오르는 아이디어를 들여다보면 답이 나온다. 곧바로 답이 떠오르지 않고 나중에 한가할 때 불쑥 떠오를 수도 있다. 그래도 답이 나오지 않는다면, 이것을 매일 반복하라. 그러면 텔레파시로 필요한 것을 알 수 있다. 계속 연습하면 일반적인 경로보다 훨씬 간단하고 빠른 경로로 필요한 정보를 얻을 수 있다. 이 방법을 사용하면 이전에는 숨겨져 있던 사람들의 진짜 태도와 동기를 알게 된다.

두 번째 특별한 능력,
투시력

투시는 부를 끌어당기는 두 번째 특별한 능력이다. 투시란 말 그대로 '선명하게 보는 것'을 의미하며, 오감을 통해 전달되는 정보가 없어도 외부의 사실이나 사건을 인식할 수 있는 능력이다. 여기에는 과거나 현재, 미래의 사건을 인지하는 것도 포함된다. 과학계는 투시를 미래에 대한 예지나 선견지명이라고 설명하기도 한다.

어느 시대에나 성직자들은 투시 능력을 계발하는 훈련을 받았다. 고대 중국인, 이집트인, 멕시코인, 심지어는 초기 아메리칸 인디언들까지도 먼 곳에서 벌어지는 사건을 인지하는 능력을 발전시키려고 노력했다.

투시력 계발의 핵심은 신성한 본성의 도움을 통해서만 외부 사실과 사건에 대한 인식을 높일 수 있다는 것을 아는 것이다. 전쟁, 범죄, 질병 등 파괴적인 신념에 관한 부정적인 아이디어에 예민해지지 않는 것이 좋다.

부정적인 생각으로 투시 능력을 키운 여성이 있었다. 부정적인 생각과 조건에 집중하는 것은 파괴적이고 불균형적인 일이다. 그녀는 결국 남편과 헤어지고, 아이들을 빼앗기고, 건강은 나빠지고, 정서적으로 완전히 엉망이 되었다.

투시력은 선한 목적으로만 계발해야 한다. 신성한 투시력의 계발을 확언하면 영적으로 성장하면서 타인의 행복에도 기여할 수 있다.

최근 부정적인 사건을 인지하는 투시 능력을 가진 사람들에 대한 보도가 많이 나왔다. 개인적인 문제만 해도 골치가 아픈데 세상의 문제에 관여하다니, 대중이 투시력을 기피하는 것도 놀라운 일은 아니다!

　부정적인 사건을 투시로 인식하면 마음이 혼란스러워지고, 긍정적이고 발전적인 것과 부를 수용하는 데 방해가 된다. 부정적인 생각의 흐름을 '포착'할 필요는 없다. 투시로 인식한 부정적인 가능성은 불가피한 것으로 받아들일 게 아니라 '거절하는' 마음의 힘을 사용해 없애버리면 된다.

투시 능력은
해결책을 제시해준다

분쟁이 휘말린 사업가가 있었다. 그는 분쟁을 해결하기 위해 자신이 아는 모든 방법을 동원했지만 아무 소용이 없었다. 어느 날 밤, 그는 친구와 전화로 이 혼란스러운 상황에 대해 이야기하다가 할 수 있는 건 다 했으니, 이제 상황이 원하는 대로 흘러가도록 놔두겠다고 말했다. 그런데 그가 전화를 끊을 무렵에 분쟁 상대 중 한 명의 얼굴이 머릿속을 스치고 지나갔다. 그 남자가 하루나 이틀 뒤에 분쟁을 해결하기 위해 자신을 찾아올 것만 같은 생각이 들었다. 그는 섬광과도 같은 자신의 투시력에 대해 아무에게도 말하지 않았지만, '신성한 투시가 모든 관계자에게 자신을 드러내고 완벽하고 조화로운 해결책을 내놓는다'라고 확언했다.

이틀 후 늦은 오후 비즈니스 회의를 마치고 사무실로 들어갔는데, 그 남자가 그를 기다리고 있었다! 남자는 그를 반갑게 맞이했다. "함께 만나서 이야기를 나누다보면 차이를 좁힐 수 있을 것 같다는 생각이 들었습니다." 정말로 그들은 바로 그 자리에서 그렇게 했다.

투시는 과거를
희석한다

앞서 언급했듯 투시는 앞으로 벌어질 사건뿐만 아니라 현재에 영향을 미치는 과거의 사건도 인지할 수 있는 능력이다. 내게는 과거를 '들여다볼 수 있는' 투시력을 가진 남성과 여성 지인이 있다. 두 사람은 도움을 요청하는 사람들에게 과거로부터 해방되는 데 도움이 되지 않는 과거는 볼 수 없다고 말한다. 남성은 문제와 관련이 있는 개인의 과거 행동에 대해 자세히 설명하기도 한다.

베일에 싸여 있거나 불확실한 과거에 가려져 있는 상황에 대해 이렇게 선언하면 투시의 수준을 끌어올릴 수 있다. "신성한 투시여, 이 상황과 관련된 과거와 현재의 진실을 내게 밝혀 주소서." 당신이 알아야 할 과거가 드러나는 것을 보면 놀라게 될 것이다.

불행한 과거를 가지고 있었던 한 남성은 훗날 오랜 기간 방문하지 않았던 고향으로 돌아가게 된다는 것을 알게 됐다. 고향에서 어떤 대접을 받을지는 알 수 없었다. 그는 투시로 미리 본다면, 어떻게 반응해야 할지 준비할 수 있으리라고 생각했다. 그는 과거와 현재의 사건을 두고 이렇게 확언했다. "신성한 투시여, 이번 방문에 관한 과거와 현재의 진실을 알려주소서. 사람들이 내 과거에 대해 어떻게 생각하고 있나요?"

그는 평안함을 느끼고 마음속에서 그 문제를 떨쳐냈다. 며칠 후 몇 년 동안 닿지 않았던 고향 친구로부터 연락이 왔다. "길거리에서 네 친척을 만났어. 몇 년 동안 네 소식을 듣지 못해서 안부를 물었지. 친척이 네가 한 일에 대해 말해주고 네가 곧 집에 올 계획이라고 알려줬어. 네가 무슨 일을 하고 있는지 듣고 흥분한 나머지 친구들에게 전부 말해버렸어. 친구야, 네가 잘 되서 우리는 너무 기쁘다. 모두가 너를 만날 날을 기대하며 기다리고 있어!"

잃어버린 물건을 찾을 때 자신도 모르게 투시력을 사용한 적이 있을 것이다. 조용히 잃어버린 물건에 대해 생각하다 보면 물건이 어디에 있는지 머릿속에 떠오르는 경우가 종종 있다.

세 번째 특별한 능력,
초감각 지각

초감각 지각은 부와 성공을 위한 세 번째 특별한 힘으로 타인의 생각을 알아차리는 텔레파시와 일어나고 있는 사실이나 사건을 알아차리는 투시가 혼합된 것이다.

대부분의 사람들은 어느 정도 초감각 지각ESP, extra-sensory perception을 경험한다. 멋진 일이 벌어질 것 같고, 심지어 무슨 일인지 알 것 같은 기분을 느낀 적이 있지 않은가? 불쾌한 일이 벌어질 것만 같은 예감이 들어 불안해하거나 확신이 서지 않았던 적은 없는가?

좋은 일이 다가오고 있다는 느낌이 들 때, 당신은 그것이 완벽한 방식으로 나타나도록 돕는 힘과 권위를 가지고 있다.

그러나 부정적인 일이 벌어질 것 같은 느낌이 든다면, 조용히 앉아 "신성한 지각의 도움으로 없어지소서"라고 선언해 그 느낌을 없애라. 부담감이나 불안감이 잦아들 때까지 그것이 사라졌다고 생각하라.

당신이 없애는 것이 정확히 무엇인지 모를 수도 있지만, 그것이 불안하고 혼란스럽고 부정적인 느낌을 준다면 그것은 당신의 최고의 이익을 위한 경험이 아니라고 확신해도 된다.

모든 문제는 정신의 영역에서 먼저 형성되므로 당신은 그것을 정신적으로 없앨 수 있는 힘을 가지고 있다. 이 특별한 힘을 사용하면 많은 불행한 경험을 아예 일어나지 않게 막을 수 있다. 그러한 경험들을 거절하고 무력화할 용기만 있다면 말이다.

휴가를 즐기던 사업가가 있었다. 어느 날 아침 그는 아내와 함께 800킬로미터를 이동하기 위해 일찍 일어났는데, 불편하고 불안한 느낌이 들었다. 그는 그것이 여행을 그만두라는 초감각적 지각의 경고임을 알아차리지 못하고 운전을 계속했다. 얼마 가지 못해 그와 아내, 그리고 상대 쪽 한 명이 중상을 입는 사고가 발생했다. 나중에 그는 불편한 감정의 의미를 이해했더라면 사고를 피할 수 있었을 것이라고 내게 털어놓았다.

네 번째 특별한 능력,
예지력

예지력은 성공을 위한 또 다른 특별한 능력이다. 투시력이 과거의 사건이나 먼 거리에서 벌어지는 사건을 인지하는 능력이라면, 예지력은 투시의 한 측면으로 물리적 매개체를 사용하지 않고도 미래의 사건에 관한 지식을 얻는 능력이다. 꿈이나 번뜩이는 영감, 또는 명상을 통해 미래의 사건을 보게 된다.

다음 주에 벌어질 일을 예견할 수 있는 아이가 있었다. 한번은 나를 찾아와 "어떻게 저는 다음 주에 일어날 일을 다 알 수 있는 거죠?"라고 물었다. 나는 그 아이에게 예견되는 일을 전부 적은 다음 일주일 후에 와서 함께 이야기해보자고 했다.

아이가 적은 것을 가지고 왔을 때, 별다른 일은 없었다는 사실이 분명해졌다. 아이는 부모가 얼마의 용돈을 줄지 알고 있었다. 주일학교에 어떤 행사가 있을지, 학교에서 열리는 운동 경기의 결과도 알았다. 심지어 자신이 아이스크림 콘을 몇 개나 사게 될지도 알고 있었다! 어느 날은 시험에서 94점을 맞을 것을 이미 알고 있으니 공부를 할 필요가 없었다고 했다.

두 번째로 만났을 때 아이는 다음 날 벌어질 일을 아는 것은 종종 가능하지만, 일주일 뒤는 볼 수 없게 되었다고 했다. 나는 아이에게 자신의 예지력에 관해 다른 사람에게 이야기하지 말고 이렇게 자주 확언하라고 했다. "신성한 예지력이 내가 갈 길을 쉽고 성공적으로 만들고 있다. 나는 최선을 위해 알맞은 때에 내가 알아야 할 모든 것을 알고 있다." 문제가 있는 것이 아니라고 아이를 안심시켰다. 인생의 사건을 예견하는 능력은 누구나 가지고 있지

부를 불러오는 다른 법칙들

만, 이 특별한 능력을 발달시키는 사람은 소수이다.

아이는 부정적으로 보이는 미래의 사건을 알게 되었을 때 "아니요"라고 말하면 그 사건을 예방할 수 있다고 하자 매우 기뻐했다. '아니요, 나는 이 일을 받아들이지 않겠습니다. 나를 위한 최선의 것만 수용할 것입니다'라고 생각해 불행한 경험을 자신이 진정으로 원하는 결과로 바꾸기도 했다.

다섯 번째 특별한 능력,
염력

부를 끌어당기는 다섯 번째 특별한 힘은 염력으로 물리적 에너지나 도구를 사용하지 않고 물리적 대상에 직접적으로 영향을 미치는 힘이다.

생각은 사물에 영구적인 영향을 미칠 수 있다. 부의 관점에서 보면 생각으로 지갑, 은행 계좌, 투자, 옷, 자동차, 일하고 생활하는 건물과 지역에 영향을 미칠 수 있다. 사실, 당신은 끊임없이 생각을 통해 외부 세계를 형성하고 있다.

당신의 생각은 사물에도
영향을 미친다

무생물인 사물은 당신이 사물에 대해 좋은 생각, 그중에서
도 풍요로운 생각을 할 때 반응하는 힘을 가지고 있다. 당
신 주변에 있는 사물이 '행동'할 때, 그것을 비판하기보다
는 좋은 방향으로 축복하라.

마지못해 전동타자기를 구입한 고용주가 있었다. 그
는 사실 직원이 그 타자기를 사용하는 게 싫었다. 결국 타
자기는 제대로 작동하지 않았다.

세상의 모든 것은 지성으로 가득하며, 무생물이라고
불리는 사물도 마찬가지이다. 조화로운 결과를 얻으려면
사물을 지능적으로 대해야 한다.

염력으로 물체에 직접 영향을 미치고 물체를 끌어당
긴다는 주부도 있었다. 그녀와 남편은 식비를 감당하기 위
해 수년간 고군분투하고 있었다. 대가족인 친척이 정기적
으로 방문해 식료품 저장실을 자주 말끔이 '청소'해 준 것
이다. 부부는 친척들을 사랑했지만 감당할 수 있는 형편이
아니었다.

어느 날 아내는 염력이라는 특별한 능력으로 식료품
을 끌어당겨 늘어나는 식료품 수요를 충족시키는 방법이
있을 것이라는 생각이 들었다. 그녀는 어떻게 하면 이 특

별한 마음의 힘으로 좋은 음식을 부엌으로 끌어당길 수 있을지 고민하기 시작했다!

그녀는 조용히 모든 종류의 식료품을 떠올리며 그것들이 어디에서 오는지 상상했다. 어부의 손에서 시장으로 넘어갔다가 자신에게 오는 해산물을 떠올렸다. 들판의 소들이 목장주의 손을 거쳐 자신에게 오는 모습을 상상했다. 수많은 손길에 감사하며 채소, 통조림, 냉동식품, 빵 등의 식품들을 시각화했다. 재정적 부담은 생각하지 않고 모든 종류의 음식이 풍성하게 부엌으로 들어오는 모습을 상상했다.

그 후로 친척들이 부부의 집을 방문할 때 신선한 해산물, 빵, 버터, 우유 및 기타 유제품, 특별한 별미 등 맛있는 음식을 선물로 가져오기 시작했다. 더 이상 식료품 걱정을 할 필요가 없었다. 다양한 식료품들은 마치 그녀가 얼마나 좋아하고 감사하는지 알고 있다는 듯 최선의 방법으로 그녀에게 왔다.

모든 것이
당신의 태도를 반영한다

재정 문제에 대해 부정적으로 말하는 것은 염력을 오용하는 행위이다. 당신은 세상의 모든 것에 정신적·언어적인 영향을 미친다. 한 사업가는 최근에 자신의 꽃밭에 심을 목련나무를 구입했다고 한다. 그의 친구들은 목련나무가 꽃을 피우려면 7년 정도가 걸린다고 했다. 아름다운 목련 꽃과 그 향기를 즐기고 싶었던 그는 아름다운 목련나무를 상상하며 사랑과 감사로 나무를 축복했다. 그의 목련나무는 불과 4년 만에 꽃을 활짝 피웠다!

사물에게 깎아내리는 말을 해서는 안 된다. 옷이나 가구가 낡아서 사라지기를 바라는 게 아니라면, "이 낡은 것"이라는 말은 삼가라. 주변의 모든 것이 당신의 태도에 영향을 받고 그에 따라 반응한다는 사실을 명심하라.

고상하고 아름다운 생각을 가진 여성을 만난 적이 있다. 그녀는 늘 희망차고 긍정적이었고, 그녀의 주변은 항상 아름답고 우아했다. 약 1년 뒤 그녀를 만났던 곳에 다시 방문했는데, 그녀는 더 이상 그곳에 있지 않았다. 가구와 커튼, 장식품들은 여전히 제자리였지만, 그 빛을 잃은 듯했다. 일부 가구는 다소 허름하고 초라해 보이기까지 했다. 문득 나는 가구들이 1년 만에 허름해질 리 없다는 사실을 깨달았다. 여성의 아름다운 생각과 감사가 가구들을 사랑스러운 상태로 유지한 것이었다.

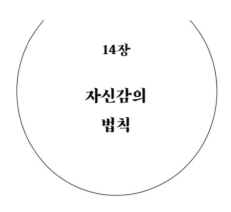

14장

자신감의
법칙

증권 중개인인 내 친구는 부의 법칙을 다각도로 연구했다. 주식을 사고파는 많은 사람들을 관찰하고 성공한 사람들의 전기를 읽었다. 이런 관찰과 연구를 통해 그가 얻은 결론은 다음과 같다. 부를 한 단어로 표현하자면 타고난 능력과 재능에 대한 믿음 그리고 그것을 발전시키는 믿음을 의미하는 '자신감'이라는 것이었다.

심리학자들은 자신감에 힘과 능력을 배가시키는 엄청난 힘이 있다고 말한다. 앞서 말했던 친구는 부의 법칙에 대해 확신을 가지고 이를 업무에 적용하자 수입이 급증했다고 한다. 이 책에 소개된 부의 법칙을 적용하고 한 달이 지나자, 그의 수입은 네 배나 증가했다. 더욱 놀라운 것은 그의 성공이 경기 침체기에 이루어졌다는 점이다!

자신감의
비밀

자신감의 가장 중요한 비밀은 당신은 이미 자신감을 갖고 있다는 점이다!

우리가 자신감을 가지고 태어났다는 사실은 두려움, 공포, 억제하는 생각에 물들지 않은 아이의 행동과 반응을 통해 확인할 수 있다. 아이들은 보통 자신이 하고 싶은 말과 행동을 자신 있게 하는 유쾌한 습관을 갖고 있기 때문이다.

자신감이 없는 똑똑한 아이는 평범하지만 자신감을 가진 아이에 비해 성공적인 삶을 살 잠재력이 절반밖에 되지 않는다. 내가 아는 어느 교사는 이 사실을 깨닫고 나서 매일 아침마다 학생들에게 용기와 자신감의 확언을 시켰다. 학생들이 재능을 꽃피우고 그것이 학교 공부와 집, 사회적인 성공에 어떻게 반영되는지 지켜보는 것은 매우 흥미로운 일이었다.

어떤 사람은 승진해서 높은 연봉을 받는 반면, 어떤 사람은 교육 수준이 같거나 더 높은데도 승진하지 못하는 경우를 본 적이 있을 것이다. 이들을 자세히 살펴보면 승진하는 사람들은 자기 자신과 자신의 능력을 진심으로 믿는다는 것을 알 수 있다.

부를 불러오는 다른 법칙들

그들은 이끌림과 지식에 내면의 귀를 기울이는 듯하다. 또한 자신의 내면에 원대한 비전과 지혜에 접근할 수 있는 특별한 능력이 있다는 사실을 안다. 이런 사람들은 침착함과 자신감을 발산하기 때문에 주변에서도 자연스럽게 믿고 따르게 된다.

자신감이 부족한 사람에게 관심을 기울이는 사람은 아무도 없다. 자신감이 없는 사람의 마음은 끌어당기는 것이 아니라 밀어내는 부정적인 힘이기 때문에 타인을 끌어당기거나 설득하지 못한다.

다음은 내가 수업 중에 내면의 지능을 자신감으로 끌어내고자 수백 번도 더 사용했던 문장 중 하나이다.

"성공만큼 계속 이어지는 것은 없다. 나는 이제 성공에서 더 큰 성공으로 나아간다. 크고 강력하며 거부할 수 없는 나의 성공이 지금 나타나고 있음에 감사한다!"

잠들기 전에 자신감을
키워주는 생각을 하라

부를 끌어당기는 자신감을 키우는 효과적인 방법은 잠들기 전에 머릿속을 자신감으로 가득 채우는 것이다. 성공, 부, 좋은 결과를 기대하며 행복한 생각으로 마음을 채우면 잠재의식은 이를 명령으로 받아들인다. 당신이 잠자는 동안 잠재의식은 부를 끌어당기는 내일을 만들기 위해 순종적으로 일할 것이다. 앞에서도 언급했지만, 밤에 원하는 내일을 생각하면 다음 날 하루를 통제할 수 있다.

어느 아름다운 모델이 이 방법으로 얻은 결과에 대해 이야기해 주었다. 그녀는 불행하게 끝난 연애 때문에 크게 낙담하고 우울했으며, 자신감을 잃은 상태였다. 어느 날 밤, 여느 날처럼 의기소침해 있던 그녀는 누군가가 준 수면 중 잠재의식의 힘에 관한 책을 집어 들었다. 그 책을 읽고 자신에게도 기분과 생각을 바꿔 불행한 상황을 변화시킬 수 있는 힘이 있다는 사실을 깨달은 그녀는 착하고 상냥한 사람을 만나 기뻐하는 자신의 모습을 상상하기 시작했다. 그녀는 조용히 자신이 만나고 싶은 유형의 남성을 머릿속에 그려보았다. 그러고는 편안한 마음으로 깊은 잠에 들었다. 다음 날 아침, 그녀는 전화벨 소리에 잠에서 깼다. 전화를 건 사람은 친구의 소개를 받은 한 남성이었는데, 백만장자인 그는 업무차 그녀의 마을을 방문할 예정이니 안내를 도와 달라고 부탁했다. 그는 그녀의 꿈에 대한 응답이었다!

어느 저명한 형이상학자는 다음의 강력한 확언을 잠들기 전에 사용하라고 권장했다. "나는 잠을 자러 가지만, 내 안의 신은 깨어 신성한 질서 안에서 현재의 문제를 성공적인 결론으로 이끈다."

자주 확언함으로써 스스로에게 확신을 주는 것이 좋다. 다른 사람들이 당신에게 확신을 주고, 당신을 칭찬하거나 당신을 믿는다고 표현할 때까지 기다리지 말라. 다른 사람이 그렇게 하지 않는다고 초조해하지도 말라.

확언은
자신감을 준다

성공에 대한 자신감을 키우려면 6장에서 서술한 명령의 법칙을 다시 읽고, 시도해보라. 확언을 사용해 세 가지 방법으로 자신감을 발산하라. 최소 하루에 5분 이상, 사적인 공간에서 확언하라.

낮에는 카드나 노트에 적은 확언을 꺼내보라. 특히 두려움이나 불확실성에 사로잡힐 것만 같을 때 꺼내 보길 권한다. 사람들과 함께 있거나, 전화 통화를 하는 분주한 상황에서도 충분히 할 수 있는 일이다. 당신이 어디에서 자신감을 얻는지 아무도 모를 것이다.

도서 판매를 담당했던 어느 관리자는 영업사원들에게 백과사전 판매 교육을 하려고 했지만, 판매사원들은 불경기라 백과사전은 아무도 사지 않을 거라고 불평했다.

긍정적인 태도를 유지하고 자신감 있는 모습을 보여야 했던 관리자에게 비관적인 사원들을 설득할 방법은 사무실로 들어가서 확언을 꺼낸 뒤 반복해서 읽는 것뿐이었다고 한다.

그는 어깨를 펴고 심호흡을 한 뒤 경제가 어떻든 간에 팀원들의 판매 능력, 제품의 품질, 고객의 필요에 대해 긍정적인 발언을 했다. 이런 식으로 판매 능력에 대한 자신감을 북돋아주었더니 사원들의 실적이 다시 올라가기 시작했다.

하루에 한 번 이상 성공, 자신감, 완벽한 결과에 대한 확언을 15번 이상 써보라. 자신감을 주는 단어를 쓰면 그 생각이 잠재의식 속에 확고하게 자리를 잡게 되고, 잠재의식은 더 열심히, 더 빠르게 행복한 결과를 만들어낸다. 확언은 자신감을 북돋우는 강력한 힘을 가지고 있다.

성공할 능력에 대해 의구심이 들거나 두려움이 느껴질 때면 소심함과 부족함이라는 감정을 떨쳐내기 위해 "나는 내 삶의 모든 상황에서 완벽한 결과가 나온다는 것에 흔들리지 않는 믿음을 가지고 있다"라고 확언하라.

확언 후에는 스스로를 다독이며 자신감을 키운 다음, 하고 싶지만 주저했던 일들을 과감하게 시도하라.

심상화를 통해
자신감을 키워라

성공에 대한 자신감을 키우려면 5장에서 다룬 심상화의 법칙을 다시 읽고, 행운의 수레바퀴를 만들어 얻고자 하는 것을 눈에 보이는 그림으로 그려 넣어라. 매일 행운의 수레바퀴에 그려져 있는 그림을 보면서 원하는 이미지로 마음을 채워라.

내가 행운의 수레바퀴에 적은 문구 중 하나는 '바로 지금, 좋은 일들이 일어나기 시작한다'였는데, 정말로 행복한 결과들이 나왔다.

내가 행운의 수레바퀴에서 매일 봤던 또 다른 강력한 문구는 '지금은 성취의 순간이다. 이제 기적은 기적을 따르고 축복은 멈추지 않을 것이다'였다.

정신적 이미지로 마음을 채우면 그 정신적 이미지를 가시적인 결과로 만들 수 있다는 자신감이 생긴다.

사실 정신적 이미지를 만들면 그 이미지가 조건을 만든다. 의식적으로 욕망이 실현될 수 있다는 확신이 들지 않는다면 매일 볼 수 있는 곳에 원하는 것의 그림을 붙여 놓아라. 그러면 당신의 잠재의식이 그것을 실현하고, 당신의 확신은 현실이 될 것이다.

다른 사람의
장점을 끌어내라

마지막으로 자기 자신의 자신감을 키우는 동시에 타인에게도 자신감을 불어넣는 방법이 하나 더 있다. 타인의 장점을 인정하고, 칭찬하고, 끌어내라. 타인의 좋은 점을 자신 있게 이야기하라. 과감하게 칭찬하라. 친절과 격려, 성공의 말을 건네라. 어느 사업가는 매일 아내가 자신의 사업적 능력을 상기시켜준 덕분에 새롭게 자신감을 얻어 실패를 딛고 성공할 수 있었다.

또 어느 사진작가는 늘 사진을 찍기 전에 모델에게 잘할 수 있다고 자신감을 심어주었는데, 결국 패션계의 저명한 모델들이 작업하고 싶어하는 인기 작가가 되었다. 모델들에게 믿는다는 확신을 보여주면 그들은 카메라 앞에서 빛을 발했고, 그 덕에 작업 효율은 두 배가 되었다. 재촬영을 해야 하는 경우도 거의 없었다.

누군가에 대한 좋은 점이 떠올랐다면, 그 사람에게 말하라! 성공하기 위해 고군분투 중인 사람에게 확신을 느꼈다면 그에게 알려주어라. 상대방이 성공하고 난 뒤에야, "네가 정말 자랑스러워, 네가 성공할 줄 알고 있었어"라고 말하지 말라. 성공하기 전에 칭찬의 말을 건네고, 성공할 것임을 믿는다고 표현하라. 성공하기 전의 그는 당신의 칭찬을 필요로 한다.

대부분의 사람들은 가면을 쓴다. 가면 뒤에 있는 사람들의 삶을 들여다볼 수 있다면, 친절한 말이 지닌 힘을 깨닫게 될 것이다. 친절한 말은 물에 빠진 사람에게 구명줄을 던져주는 것과 같다. 누군가를 칭찬할 수 있는 기회가 있다면, 과하게 칭찬하는 것이 그냥 지나치는 것보다 낫다. 칭찬은 그것을 필요로 하는 사람들에게 성공으로 가는 전환점이 되어줄 수 있다. 당신에게 칭찬이 필요한 순간이 오면, 누군가 당신을 위해 똑같이 해줄 것이다. 세상 사람들이 인정할 정도로 크게 성공한 사람들조차 자신감, 배려, 감사의 말을 갈망한다. 자기 자신과 타인에 대한 진정한 확신은 표현될 때 기적적인 힘을 발휘한다.

최근 한 주부는 이것이 진실임을 보여주었다.

칭찬과 감사의 힘을 나보다 더 잘 아는 사람은 없을 것이다. 이 힘을 깨닫기 전까지 나는 늘 불만이 가득했고, 결점을 찾거나 불평하는 데 혈안이 되어 있는 사람이었다. 그런데 자신감을 심어주는 말, 배려하는 말, 감사의 말이 타인에게 도움이 될 뿐만 아니라 내 몸의 고통과 마음의 문제도 없애준다는 사실을 알게 되었다.

칭찬과 믿음을 표현하기 시작하면서 가정에 큰 변화가 생겼다. 나는 누군가가 부주의로 실수를 저지를 때 그것

을 질책하지 않고 그들의 선한 의도와 성실함을 칭찬한다. 타인에 대한 믿음을 표현하는 행위가 자신감을 불러일으킨다는 사실을 알게 됐기 때문이다. 이 방법이 누군가에게는 기적이라고 불릴 만한 효과를 일으키는 것을 보았다.

칭찬의
힘

최근에 남편과 아내, 다섯 명의 자녀가 사는 행복한 가정을 방문한 적이 있는데, 그곳에서 자신감을 심어주는 말의 힘을 목격했다.

우선 다섯 명의 아이들 모두가 서로 잘 어울리고 예의 바르게 행동하는 모습에 감탄했다. "이기심이 팽배한 시대에 다섯 자녀 모두 이렇게 우애 깊고 행복하게 지내는 비결이 무엇인가요?" 하고 묻지 않을 수 없었다. 조용한 성격의 아내가 바로 대답했다. "다 남편 덕분이에요. 남편이 아이들과 정말 잘 놀아준답니다." 나는 속으로 '일주일에 6일, 하루 10시간씩 일하는데, 어떻게 아이들과 놀아줄 수 있지?'라는 생각이 들었지만, 남편의 얼굴에는 좋아하는 기색이 역력했다. 남편은 정말로 자기가 아이들과 잘 놀아준다고 생각하고 있었다!

잠시 후 아내가 밖에서 요리를 준비하면서 남편에게 진심을 담아 말했다. "여보가 불을 정말 잘 붙였네!" 나는 또 '누가 겨우 불붙인 걸 가지고 칭찬을 하지?'라는 생각이 들었지만, 그녀의 칭찬은 정말 효과적이었다. 아내의 칭찬에 남편은 신이 나 거의 모닥불을 피울 뻔했기 때문이다! 설령 그가 마당 전체를 불태웠다고 해도 아내는 "우리 남편이 가장 멋진 소방관 아니야?"라고 했을 것이다. 그 가족이 그렇게 행복한 것은 그리 놀라운 일이 아니었다.

조용히 자신감을
끌어내라

칭찬과 친절, 배려, 감사의 말도 좋지만 상대방을 위해 조용히 이렇게 선언하는 것 또한 중요하다. "(상대방의 이름), 나는 당신의 능력에 확신을 가지고 있습니다. 당신의 성공은 크고 강력하며 거부할 수 없습니다. 당신의 성공은 지금 나타나고 있습니다."

최면처럼 타인의 마음을 조종하라는 말이 아니다. 상대방에게 성공이라는 고결한 생각의 혜택을 주는 것이다. 타인의 마음을 지배하는 것이 부를 끌어당기는 생각을 실천하는 사람의 목표가 되어서는 안 된다. 타인의 생각을 통제할 수 있는 권리를 가진 사람은 없다.

자유는 우주의 위대한 법칙 중 하나이며, 부를 끌어당기는 생각을 하는 사람들은 그것을 잘 알고 있다. 일반적으로 타인의 성공과 선에 관한 생각을 선언할 때, 그들을 정신적으로 통제할 위험은 없다. 통제는 이기적인 생각으로, 타인에게 구체적인 행동을 강요할 때 발생한다. 자기 자신에 대한 확언은 최면이 아니다. 오히려 확언은 당신이 생각의 힘을 깨닫기 전에 습관적으로 받아들였던 실패와 부정에 대한 생각에서 당신을 깨어나게 한다.

한 유명 대기업의 경영자는 직원들에게 진심 어린 칭찬과 감사, 자신감을 북돋우는 말을 자주 함으로써 성공을 거두었다. 그는 가석방 중인 한 젊은 죄수를 고용했다. 수년 동안 그는 이 직원에게 자신감을 심어주는 말을 되풀이했다. 죄수였던 그 직원은 훗날 그 회사의 임원이 되었다.

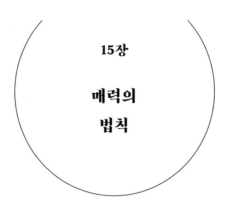

15장

매력의
법칙

제임스 배리 경은 "매력만 있으면 다른 것은 필요 없다. 단, 매력이 없다면 다른 것은 소용없다!"라고 매력의 힘을 강조했다.

'매력charm'이라는 단어는 사람들을 매료시킨다. 앨라배마에 있는 한 여성 클럽의 오찬에 연사로 참석한 적이 있었다. 참석자 중 유일하게 남성이었던 한 기업 임원이 가장 먼저 연설을 했다. 연설이 끝나자마자 클럽 회장은 그에게 "바쁘신 것 잘 알고 있습니다. 일정이 있으시면 지금 가셔도 됩니다"라고 말했다. 그러자 그가 대답했다. "오, 아닙니다. 저는 매력에 관한 강연을 듣고 싶습니다. 남자들도 이 주제에 관심이 많거든요."

'매력'이라는 주제는 20여 년 전 이 장의 초고를 작성할 때 처음 내 관심을 끌었다. 나는 최종 원고가 나오고 나서 대강 쓴 초안은 쓰레기통에 버렸다. 우연히 쓰레기통에서 내가 버린 초안을 발견한 청소부가 그걸 가져가서 봐도 되냐고 물었다. "저도 매력에 대해 알고 싶어서요." 그가 설명했다.

최근에는 500명의 여성들을 대상으로 매력에 대해 강연을 해 달라는 요청을 받았는데, 그야말로 야단법석이 났다. 왜냐하면 그 여성들의 남편들도 참석하고 싶어 했기 때문이다.

형언할 수 없을 정도로 신비로운 느낌이 담긴 매력이라는 단어는 사람들을 매료시킨다. 사전에서는 매력을 '매혹하거나 크게 기쁘게 하거나 즐겁게 하는 능력'이라고 정의하고 있다. 그러나 이는 매력의 한 측면일 뿐, 전부는 아니다. 이러한 매력의 특징 때문에 대부분의 사람들이 매력의 다양한 측면을 통달하고 싶어 한다.

매력과 부의
관계

'매력이 부와 무슨 상관이지?'라는 생각이 들 수도 있다.

매력은 부와 대단히 밀접한 관계에 있다!

부를 불러오는 다른 법칙들

왜냐고? 매력에는 여러 가지 측면이 있지만, 한마디로 정의한다면 그 단어는 몸과 마음, 인간관계, 인생의 여러 가지 사건들, 사람이 살고 일하는 환경과의 일치를 뜻하는 '조화'일 것이다. 조화는 부와 성공을 위한 첫 번째 요건이다. 부조화는 선한 것을 흩어지게 하고, 밀어내고, 소멸시키지만, 조화는 선한 것을 끌어당긴다.

텍사스 출신의 두 사업가는 전국에 은행, 보험 회사, 부동산 개발 회사를 운영하는 대기업을 일궜다. 지금 이 둘은 국제적인 라이프스타일을 즐기고 있다. 그들은 최근에 들어온 신입 직원에게 이렇게 말했다. "우리가 가장 중요하게 생각하는 것은 직원들이 평화롭고, 조화롭게 일할 수 있는 환경입니다. 서두르거나, 소란을 피우거나, 시끄럽게 전화를 하거나, 요란하게 사무기기를 다루거나, 서로 험담을 해서는 안 됩니다. 우리가 사업을 이렇게 성장시킬 수 있었던 비결은 조직의 모든 측면에서 조화, 평화, 기밀을 지킨 덕분입니다."

매력은 세대를
초월한다

마저리 윌슨은 저서 『매력*Charm*』에서 다음과 같이 말했다.

"매력은 특정 연령대에 국한되지 않는다. 노인과 젊은이, 그리고 그 사이의 모든 연령대가 완벽하게 사랑스러울 수 있다."

돌아가신 나의 시어머니가 그랬다. 처음 만났을 때 60대였던 시어머니는 89세에 세상을 떠났다. 내가 봐왔던 세월 동안 시어머니는 언제나 매력적이었다.

시어머니는 '남부 출신의 예의 바른 여성'이었다. 용모가 빼어난 편은 아니었지만 한번 보면 결코 잊을 수 없는 그런 사람이었다. 사람들과 대화를 할 때면 늘 자신의 관심사가 아닌 상대방의 관심사를 중심으로 이야기했다. 언제나 현세대의 일원이었던 그녀는 노쇠함이 발목을 잡아도 절대 뒤돌아보지 않고 계속 앞으로 나아갔다. 말년에는 건강에 문제가 생겨 불편하게 지냈지만 단 한 번도 남한테 이를 언급한 적이 없었고, 때때로 삶이 안겨 주는 실망과 상처에 대해서도 이야기하지 않았다. 그녀는 마지막까지 자신과 타인의 삶에서 치어리더와 같은 사람이었다. 나 역시 직접 만나보기 전까지는 가족들이 왜 그토록 애정을 가지고 그녀에 대해 이야기하는지 몰랐다. 시어머니를 직접 만나보고 나서 왜 사람들이 그녀 이야기를 계속할 수밖에 없었는지 완벽하게 이해하게 됐다.

조화라는 매력에 대한 욕구는 특정 집단에 국한되지 않는다. 매력이라는 것은 어느 연령대나 갈망하는 것이며,

그것이 지닌 다양한 특성은 태어나서 죽을 때까지 개발될 수 있는 것이다.

매력은 타고난 것이며
거액의 배당금을 제공한다

셰익스피어는 『맥베스』에서 매력적인 삶을 "마법처럼 위험으로부터 보호받는 삶"이라고 묘사했다.

매력은 인생이라는 길에서 마주치는 장애물을 넘어 승리를 돕는 '특정한 것'과 자신감을 제공한다. 매력이 주는 자신감과 내면의 평정심을 바탕으로 문제를 마주하면 문제는 곧 해결책으로 바뀐다. 이러한 자신감과 내면의 평정심은 삶을 지루한 경험이 아닌 흥미진진한 모험으로 만든다. 이것이 바로 '매력적인 삶'이다.

애머슨의 "위대한 사람은 위대한 사건을 끌어당기는 비밀스러운 힘을 끊임없이 발산한다"는 말은 매력을 설명한 것일지도 모른다.

지난 수년간 수천 명의 사람과 만났지만, 진실하고 꾸밈없는 진정한 매력을 발산하는 사람들은 언제나 귀하다. 매력을 흔치 않은 특성이라고 생각하는 사람이 많지만, 사실 그렇지 않다. 매력은 많은 사람들이 생각하는 것처럼 특정한 사람만 타고나는 특성이 아니다. 그것은 우리 모두에게 내재되어 있는 특성이며, 우리의 안에서 계발되기만을 기다리고 있다.

첫째,
영적 매력

영적 매력은 삶에서 큰 선을 원하는 사람들을 끌어당기는 자석 같은 힘을 발산하기 때문에 부를 끌어당기는 힘을 가지고 있다. 교류는 부를 끌어당긴다.

　많은 사람들이 서두르고, 산만하고, 혼란스럽고, 조화롭지 않은 삶을 살면서 부를 밀어낸다. 그렇기 때문에 매일 거룩해지거나 내면과 외면이 모두 온전하고 통합된 사람이 되기 위해 노력하는 사람들에게 매력을 느끼곤 한다. 기도하는 사람들은 전 세계가 귀하게 여기고 필요로 하는 행복감과 내적 안정감을 갖추게 된다.

　어느 의사는 매일 아침마다 반복하는 한 시간의 명상이 자신의 성공 비결이라고 말했다. 그는 자신이 도울 수 있는 사람들이 자신에게 와서 치유받게 해 달라고 기도했다. 이렇게 함으로써 그는 이른 아침에 침착하게 자신의 능력을 펼치고 하루를 통제할 수 있는 힘을 얻었다.

부를 끌어당기는 영적 매력은 먼저 내면을 통제하고, 그다음 자신의 세상을 외적인 방식으로 통제한다. 영적 매력을 계발하면 자신의 인생의 문제를 해결하는 것은 물론, 타인을 돕는 데도 도움이 된다. 따라서 영적 매력을 계발하는 것은 최고의 투자 중 하나가 될 수 있다!

둘째,
정신적·정서적 매력

매력의 정신적·정서적 측면은 삶의 다양한 경험에 대한 긍정적인 태도와 건설적인 정서적 반응과 관련이 있다.

내게 매력이라는 주제를 처음 알려준 강사는 매력의 정신적·정서적 측면에 대해 듣고 난 뒤 자신의 강의 내용을 전폭적으로 수정했다. 그녀는 매력의 신체적 측면뿐만 아니라 다른 측면들도 강조하기 시작했다. 또한 학생들에게 좋은 일이 일어날 것을 기대하며 긍정적이고 기쁜 마음으로 삶을 직면하면 모든 경험에서 좋은 것을 얻을 수 있다고 가르쳤다.

그 강사의 수업을 듣던 중 바른 자세를 배우려는 한 학생이 별다른 성과를 내지 못하고 있는 것이 눈에 띈 적이 있다. 학생은 결국 낙담한 표정을 지으며, "못 하겠어요”라고 말했다. 그러자 강사는 “분명 할 수 있으니 ‘못 하겠다’ 말은 절대 하지 마세요. 그런 부정적인 말은 결코 매력적인 결과를 가져다줄 수 없습니다”라고 말했다. 학생은 다시 시도했고, 이번에는 수월하게 해냈다.

이 강사가 매력의 세 가지 측면을 강의에 포함시키고 난 뒤 그녀의 강의를 들은 졸업생들을 대상으로 사진, 텔레비전, 패션쇼 분야에서의 수요가 커졌고, 그들 중 다수가 명성과 부를 얻게 되었다. 또한 매력의 세 가지 측면을 강조한 이 강사 역시 인기 강연자가 되었다. 그녀의 강의를 들은 청중이 가장 많이 한 말은 “진정한 매력이 무엇인지에 대해 이렇게 완벽하게 설명하는 만족스러운 강의는 처음”이라는 것이었다.

젊은 시절, 그녀와 나는 팀을 이루어 교회 여성들을 대상으로 매력의 세 가지 측면을 강조하는 매력 강좌를 열었다. 날이 갈수록 강의의 인기가 치솟아서 참석을 희망하는 사람을 전부 수용하지 못할 정도였다. 교회에서 매력 강좌가 열린다는 소식을 접한 지역 신문사에서도 기자를 보냈는데, 취재를 하러 온 기자도 강좌에 큰 흥미를 보이는 바람에 그를 공손히 내보내느라 애를 먹었다. 그 기자가 우리에 대해 좋은 기사를 써주어서 강연은 더욱 성황을 이루었고, 우리는 어안이 벙벙해졌다.

수십 년이 지난 현재 그 강사는 다른 곳에서 안락한

부를 불러오는 다른 법칙들

생활을 즐기며 가끔씩 매력 강의를 다니고 있다.

매력은
친절이다

정신적·정서적 매력의 조화는 간단하게 친절이라고 정의할 수 있다. 친절은 '상대방으로 하여금 당신을 매우 훌륭하다고 생각하게 만드는 능력'이라고 설명할 수 있다.

연구에 따르면 인간의 가장 큰 욕구는 친절과 예의, 품위 있는 대우에 대한 욕구라고 한다. 겉으로 보기엔 아무 문제가 없어 보이는 사람도 친절과 배려에 굶주려 있는 경우가 많다.

우리는 모두 감정의 덩어리이기 때문에 친절한 말 한마디에 고양되고, 새로운 힘을 얻고, 승리하는 마음의 상태를 갖는다.

매력적인 사람은 사람들에게 좋은 말을 함으로써 친절을 표현한다. 누군가를 칭찬하고 싶은 생각이 들면, 생각만 하는 데 그치지 말고 상대방에게 직접 말이나 글로 표현하라. 과감하게 사람들을 칭찬하고 다른 사람이 한 칭찬을 전달하라.

누군가의 문제가 해결되고 나서 "너라면 해낼 줄 알

았어"라고 말하는 것은 아무런 소용이 없다. 정말로 그렇게 생각했다면 왜 상대방이 그 말을 가장 필요로 할 때 하지 않았는가? 승리의 조짐이 보이기 전에 사람들을 격려하라. 그것이 진정한 친절이자 진정한 매력이다.

정신적·정서적으로 매력적인 사람은 칭찬을 할 줄 아는 것은 물론이고 칭찬을 받아들일 줄도 안다. 칭찬이나 친절을 대수롭지 않게 받아들인다면, 이번이 당신의 마지막이 될 수도 있다. 다른 사람이 당신에게 칭찬이나 친절을 베푼다면 간단한 감사의 표현과 함께 정중히 받아들여라. 누군가 당신의 물건을 칭찬하면, "아, 그 오래된 거?"라고 하기보다는 "고마워. 네가 마음에 들어 하니 나도 좋네"라고 표현하는 것이 좋다.

언뜻 보면 아주 작고 사소해 보이지만, 칭찬이나 친절은 시간과 수고를 들여 표현하는 사람에게는 큰 의미가 있다. 따라서 거절당하면 뺨을 맞는 듯한 기분이 들 수도 있다.

어느 이웃은 추운 날 몸이 아픈 친구에게 따뜻한 수프한 그릇을 준비해 갔다가 기분만 상했다고 이야기했다. 수프를 받은 친구는 "친절하게 수프를 만들어주다니, 고마워"가 아니라 "아, 이럴 필요까지는 없는데"라고 말했던 것이다. 물론 친절하게 응대하려는 의도는 보였지만, 그 말 때문에 자신의 정성을 별로 고마워하지 않는다는 인상을 받았다. 그녀는 친구의 말을 그대로 받아들이고 다시는 그 친구에게 친절을 베풀지 않기로 마음먹었다.

주는 사람의 입장에서는 가치 있는 작은 선물에 무심하면 당연히 큰 선물도 소중하게 관리하지 못할 것이라고 생각할 수밖에 없다.

험담은 당신의 선을
방해한다

고용주에 대한 비판과 험담으로 자기도 모르는 사이에 높은 인사 고과를 받지 못한 근로자가 얼마나 많을까? 그들은 자신의 충성심 부족을 고용주가 무의식중에 느낀다는 사실을 알아차리지 못한다. 나만 해도, 사업 수완이 뛰어나 같이 일하고 싶은 사람이 있었는데, 험담을 잘하는 사람이라서 포기했던 적이 있다. 그의 금전적 손실과 안타까운 요절은 그 수다스러움이 원인이었을지도 모른다.

남편, 아내, 자녀, 친척, 친구를 비롯한 가까운 사람이 목표 대상을 비판해 무의식적으로 그것을 밀어냄으로써 당신에게 돌아오는 선을 방해하는 경우가 많다. 험담과 비난은 매력적인 삶의 풍요와 조화를 빼앗아 간다. 자고로 성경에서도 "입과 혀를 지키는 자는 자기의 영혼을 환난에서 보전"한다고 했다.

모든 사물과 사람을 끊임없이 비난하면서 자신과 남편의 친구, 친척을 괴롭히던 여성이 있었다. 과격한 말과 태도가 자신과 남편이 갈망하는 건강, 부, 행복을 밀어내는 것임에도 불구하고, 그녀는 사람들과 환경이 자신에게 너무나 혹독하다며 스스로를 불쌍히 여길 뿐이었다.

고요함의
신비로운 힘

고요함의 신비로운 법칙은 특히 매력적인 삶의 방식에 해당한다. 이는 사람들이 잘 모르고 간과하는 성공의 법칙 중 하나이다.

언뜻 보기에 매력적이고 성공적인 것처럼 보이는 한 사업가를 만난 적이 있다. 그는 사랑스러운 아내와 가족, 좋은 집과 안정된 직장을 가진 축복받은 사람이었다. 외모, 카리스마, 학력, 일정 수준의 영성까지 갖추고 있었다. 하지만 그는 사람들과 어울리는 자리에서 자신이 얼마나 많은 돈을 버는 지, 집과 자동차 할부금은 얼마인지, 그 밖의 사생활에 대해 스스럼없이 이야기하곤 했다. 또 인생이 너무 고되다고 불평하기도 했다.

사람들은 종종 말로서 자신에게 다가오는 선을 쫓아 버린다. 찰스 필모어는 "무지한 사람은 마음의 밸브를 열고 자신의 생각을 자신과 아무런 상관이 없는 곳으로 흘려보내 생각의 힘을 잃는다"라고 했다. 고요함은 당신의 선이 충분히 강해질 때까지 내면에서 자라게 하며 신비로운 매력을 발산한다.

매력의
기본 정서

매력은 기본적으로 최고의 자신을 끌어내고, 타인 또한 그렇게 하도록 돕는 데 그 가치가 있다. 친절하고 간단한 방법이 매력의 관점에서도 가장 옳은 방법이다.

매력적인 사람은 타인의 시간을 불필요하게 빼앗거나 타인이 시간을 낭비하지 않게 한다. 속임수와 변명은 매력적이지 않다. 간단하게 "제가 잘못했습니다" 또는 "미안합니다"라고 말하면 된다. 그렇다고 늘 당하기만 하는 사람이 매력적인 것은 아니다.

매력적으로 보이기 위해 지나치게 친절하게 구는 사람도 있다. 정말로 매력적인 사람들은 결코 지나치게 행동하지 않고, 큰 소리로 말하거나, 감정적으로 대처하지 않는다. 진정한 매력에는 거짓이나 '가식'이 없다. 친절하되 거리를 유지할 줄 아는 것이 매력이다.

매력적인 사람은 서두르지 않고, 소란스럽지 않고, 개의치 않으며 한 번에 한 가지 일만 생각하고 행동한다. 쉽게 화를 내거나 흥분하지도 않고, 지나치게 들뜨거나 낙담하는 것도 삼간다. 그들은 느긋하고 침착하며, 긴장하거나 애쓰지 않고, 과거나 미래에 대해 조바심 내지 않고 하루하루 최선을 다한다.

마저리 윌슨은 매력을 "삶의 모든 영역에서 세세하게 표현되는 마음의 태도"라고 말했다.

셋째,
신체적 매력

신체적 매력을 가진 사람은 건강한 일상을 즐기며, 환한 빛을 내뿜는다.

일부 전문가들은 누군가를 만나면 20초 이내에 상대방에 대한 태도가 형성되는데, 이에 외모가 우리에게 상당한 정서적 영향을 미친다고 주장한다. 그러니 신체적 매력의 힘을 결코 과소평가해서는 안 된다.

식이요법과 운동, 다양한 운동을 권장하는 요즘은 신

체적 매력의 계발이 강조되는 시대이다. 신체적 매력은 건강을 유지하고 외모를 가꾸는 것과 관련이 있다. 목소리의 톤, 메이크업, 헤어스타일, 옷차림 등도 모두 신체적 매력에 영향을 미친다.

매력의 무한한
가능성

이 장의 목적은 당신에게 강력한 매력의 가능성을 소개하고자 함이다. 이 주제를 보다 자세히 다루고 있는 책은 도서관이나 서점에서 찾아봐도 좋겠다.

당신이 어떤 사람이든, 어떤 상황에 처해 있든 매력은 당신이 진심으로 원하는 것을 가져다준다. 세상은 영적 매력, 정신적·정서적 매력, 신체적 매력을 계발하는 사람에게 반드시 반응한다. 금전적 보상과 명예, 애정을 기꺼이 줄 것이다. 그러니 세상이 나를 원하고 필요로 하며, 그에 따른 보상을 줄 것이라는 확신을 가지고 과감하게 세 가지 매력을 개발하라!

16장

빚은 어떻게
해야 할까?

매력에 관한 장 다음에 빚에 관한 장이 등장하는 것은 우연이 아니다.

어떤 만화에서 아름다운 새 차 여러 대가 쇼룸에 전시되어 있는 장면이 나온다. 그 위에는 다음과 같은 표지판이 걸려 있다. '손쉬운 할부 결제를 이용해보세요.' 한 고객이 새 차를 보며 서 있는 동안 당황한 영업사원이 매니저에게 다가가 묻는다. "저 고객은 현금 결제를 원한다는데요! 어떻게 할까요?"

바야흐로 신용의 시대다. 빚은 부와 어떤 관련이 있을까? 신용은 현명하게 사용할 경우 재정적 성공을 위한 풍부한 자산이 되지만, 남용하면 빚과 재정적 실패로 가는 지름길이 된다. 따라서 재정적 재앙을 조금 미루기 위해

부를 불러오는 다른 법칙들

절박한 심정으로 신용을 사용하는 것은 바람직하지 않다. 정신적 고통을 치러야만 구입할 수 있는 물건을 사는 데 신용을 사용하는 것도 좋지 않다. 신용은 합리적인 방식으로 안락한 삶을 누리기 위해 현명하고 지능적으로 활용해야 한다.

남편과 갑작스럽게 사별하고 세 아이를 홀로 부양해야 하는 처지에 놓인 어느 주부는 자신의 사업을 시작하고 싶었다. 그녀는 돈을 빌려 투자한 후 단기간에 투자 수익을 내고 빌린 돈을 상환한 다음 잉여금으로 사업을 시작했다. 신용을 현명하게 사용해 금융 자산을 만든 것이다.

신용카드 오용의 함정을 피하기 위해 지켜야 할 규칙은 다음과 같다. 결핍과 한계의 압박을 느끼게 하는 청구서는 만들지 말라. 합리적인 수준의 재정적 의무는 합리적으로 감당할 수 있다는 믿음이 바탕이 되어야만 편안하게 이행할 수 있다.

원망과 두려움은
빚을 만든다

부채를 원망하거나 두려워하는 태도는 오히려 그 자체가 짐이 될 수 있으므로 좋은 태도가 아니다. 부담이라는 생각은 물질의 흐름을 방해할 뿐만 아니라 부를 끌어당기는 새로운 아이디어의 흐름을 방해하기 때문이다. 이러한 방식으로 물질의 흐름이 중단되면 청구서를 감당할 수 없게 될 뿐만 아니라 공황과 분노가 뒤따른다.

재정적 의무를 원망하거나 두려워하지도 말라. 그러면 생각, 감정, 반응에 대한 정신적·정서적 통제력을 유지할 수 있다.

부채에 무기력하게 얽매이지 않고 통제감을 유지하면, 우주의 풍부한 물질이 예상한 방식, 혹은 예상치 못한 방식으로 당신에게 흘러가는 길이 열림으로써 결국 그 부채를 갚을 수 있게 된다.

빚에서 자유로워지려면 두려움, 원망, 비난에서 벗어나 고양된 사고를 해야 한다.

어느 여성은 자신이 어떻게 두려움, 분노, 비난에 대한 생각으로 인해 빚을 지게 되었고, 또 그 빚에서 벗어나기 위해 어떤 태도를 취했는지 내게 말해주었다. 그녀의 남편은 영업사원으로 집에서 멀리 떨어진 곳에서 일을 했다. 부부는 결혼 초에 자녀를 키우기에 이상적인 장소라고 판단한 켄터키 산속에 위치한 농장을 구입했다. 남편은 정기적으로 출장을 다녔기 때문에 농장 관리와 자녀 양육은 거의 아내가 도맡았다. 그러나 시간이 지나면서 아내는 자신의 처지를 원망하기 시작했다. 원망이 커질수록 농장을 관리하는 데 필요한 재정도 감당하기가 어려워졌다.

결국 그녀는 일꾼들에게 지급할 급여와 농기구를 구입하는 데 지출한 돈, 농장을 관리하는 데 필요한 경비를 충당하기 위해 돈을 빌려야 했다. 성장 가능성이 높은 농장이었지만, 그녀는 금세 빚더미에 앉게 되었다. 이때 그녀는 부를 끌어당기는 생각의 힘에 대해 듣고 자신의 빚을 정신적 태도의 관점에서 평가하기 시작했다. 어느 바쁜 오후, 그 주에 일꾼들에게 지급할 급여를 어떻게 충당할지 고민하던 그녀는 차를 몰고 소들이 풀을 뜯는 평화로운 들판이 내려다보이는 아름다운 언덕으로 올라갔다. 그곳에서 차를 세워놓고 아름답고 평화로운 풍경을 발치에 두고 잠시 명상을 했다.

그녀는 남편이 가족을 부양하기 위해 먼 곳에서 애쓰고 있다는 것을 알면서도 한편으로는 집에 없는 남편을 원망하고 있었다는 사실을 깨달았다. 혼자서 농장을 운영해 나가야 한다는 책임감이 무거워 소중한 자산인 농장을 불평하고 있었다는 사실도 깨달았다. 마음의 상태를 성찰하자 평화가 찾아왔다. 그녀는 조용히 재정적 성공과 빚으로부터의 자유에 대해 미리 감사했다.

다음 날, 그녀가 차를 몰고 마을로 갔을 때, 한 친구가 그녀에게 사고 싶은 농기구가 있다고 했다. 그녀는 친구에게 자신의 농장에 사용하지 않고 보관 중인 농기구들이 있다고 말했다. 결국 그녀는 친구에게 농기구들을 팔았고, 그 돈으로 부채를 빠르게 청산할 수 있었다. 그러자 농장을 향한 무거운 마음은 사랑과 감사로 바뀌었고, 남편이 영업 일을 그만두고 사업을 하게 되면서 온 가족이 시내로 이사를 하게 되었다. 농장은 유능한 관리자를 고용해 운영하도록 했다. 그녀가 계속해서 많은 축복에 대해 감사하고 찬양하자, 농장과 남편의 새로운 사업 모두 번창했다. 이제 그녀는 남편, 자녀들과 함께 행복한 가정을 꾸리고 있으며 지역사회 일에도 적극적으로 참여하고 있다.

그녀는 원망과 정죄가 부담감을 불러일으켜 물질의 흐름을 가로막았다는 것을 스스로 증명해 보였다. 의무를 원망하지 않음으로써 통제할 수 있게 되었고, 그 의무를 이행하는 승리를 거두었다.

비판은 빚을
낳는다

청구서가 도착하면 이미 누리고 있는 축복의 반증이라는 사실을 상기하며 편안한 마음으로 맞이하라. 청구서에 대해 부정적이고 비판적인 태도를 취하면 빚을 질 것이고 결국 갚지 못하게 된다.

비판은 시간과 에너지를 낭비하는 불필요한 행위이다. 특히 빌린 돈이나 빌려준 돈과 관련하여 비판하는 것은 어리석고도 위험한 행동이다. 이러한 부정적인 관행은 영구적인 부채나 재정적 파탄으로 이어질 수도 있다. 청구서를 지불하기 위해 자신에게 오는 물질을 기꺼이 내어주지 않는다면, 우주의 풍부한 물질이 당신의 삶에 쉽게 흘러들어올 것이라는 합리적인 기대를 할 수 있을까? 감사하지 않는 마음의 태도는 감사할 수 없는 제한적인 재정적 결과를 가져온다.

감사는 부를
가져온다

'감사하는 태도'는 사방에서 부를 끌어당긴다. 나는 플로리다 팜비치 지역에서 강연을 하면서 이 사실을 깨달았다. 그곳의 한 목사는 자신의 교회에서 영적 예배에 가장 감사해하는 부류는 가장 부유한 사람들이라고 말했다. 보통 병원에 입원한 신도들을 위해 심방하면 목사가 듣는 첫마디는 "어디 계셨어요? 오시는 데 왜 이렇게 오래 걸리셨나요?"인데, 백만장자들의 경우에는 목사가 시간을 내서 자신을 보러 와준 것에 대해 한결같이 감사해했다고 한다.

그의 백만장자 친구들은 자신이 받은 친절에 보답하기 위해 정기적으로 감사 편지를 썼다. 그는 감사하고 고마워하는 그들의 마음가짐이 그들의 엄청난 부를 설명하는 확실한 단서라고 느꼈다.

빚을 청산하고 빚이 없는 상태를 유지하려면 그 어떤 것도, 그 누구도 비판하거나 비난하지 말라. 부를 끌어당기는 특별한 힘에 관한 장에서 언급했듯, 과학자들은 당신이 무엇을 말하고 생각하고 느끼는지를 아는 지능이 모든 것에 내재되어 있다고 믿는다. 사물, 사람, 상황에 대해 긍정적으로 이야기하면, 그들의 무의식적인 협력을 얻을 수 있다. 반면에 세상을 비판하면 세상이 주는 복을 밀어내고 부정적이며 제한적인 조건만 끌어당기게 된다.

어느 상인은 과거에는 잘 팔렸던 상품이 더 이상 팔리지 않는다는 사실을 알게 되었다. 그는 그 상품을 판매하기 위해 특별 할인 행사를 하는 등 다양한 방법을 시도했다. 하지만 이미 많은 채권이 연체되어 회수하기 힘든 상황에 놓인 그는 점점 더 깊이 빚의 늪에 빠져들고 있었다. 문득 상인은 사업, 고객, 가족, 이웃, 지역사회, 그리고 세상 전반에 대해 상당히 비판적인 사람으로 변한 자신을 깨달았다. 그는 부를 끌어당기는 생각의 힘을 알고 있던 친구에게 생각을 바로잡을 수 있도록 도와 달라고 요청했다. 친구는 그의 생각을 바꾸기 위해 다음 문장을 사용해보라고 제안했다. "내 안에 나를 향한 비판이나 정죄는 없다. 이제 신성한 사랑과 지혜와 질서가 내 안과 내 세상에서 완벽한 결과를 만든다."

생각을 바꾸려 노력하자, 그는 고객들에게 친밀함을 느끼게 되었다. 그는 오래전에 돈을 갚지 않은 고객들에게 매달 발송하는 당좌 거래 명세서 외에 안부 편지도 함께 보내기로 결심했다. 결과는 놀라웠다! 오랫동안 지불을 연체했던 고객들이 하나둘씩 돈을 갚기 시작했던 것이다! 한 손님은 10년이나 연체한 금액을 보냈다.

빌린 돈과 빌려준 돈을 모두 해결하려면 정신적 태도를 바로잡는 내면의 작업이 선행되어야 한다. 당신의 비판적이고 정죄하는 냉정한 생각에 거부감이 들어 빚진 돈을 갚지 않았던 사람도 있을 것이다. 그들에 대한 당신의 생각을 바꾸면, 상대방도 무의식적으로 이를 느끼고 긍정적으로 반응하게 된다.

신뢰하면 빚은
사라진다

빚이 있다는 것은 그만큼 누군가가 당신을 믿고 재정적으로 신뢰하고 있다는 것이다. 또 누군가 당신에게 빚을 지고 있다면 그것은 당신이 그들에게 신뢰를 베풀었기 때문이다.

신뢰는 경이로울 정도로 신성한 요소이며, 신성한 결과를 가져온다. 빌린 돈이나 빌려준 돈이 생각날 때마다 애초에 그 금융 거래를 가능하게 했던 신뢰를 떠올리며 감사하라. 또한 처음에 작용했던 금융 거래 간의 신뢰가 미지급금을 해결하는 데에도 작동할 수 있음을 기억하라.

빚에서 벗어날
방법은 있다

빚을 지는 일은 매우 큰일처럼 보일 수 있지만, 탈출구가 있다고 굳게 믿으면 그저 일시적인 상황일 뿐이다.

빚으로부터 자유로워지는 것을 가로막는 가장 큰 장벽은 아마도 두려움과 절망일 것이다. 이 두 가지를 극복하면 재정적 자유로 가는 길로 들어설 수 있다.

빚 때문에 자살사고에 시달려 아내에게 걱정을 끼친 남성과 이야기를 나눈 적이 있다. 그는 큰 빚에 시달렸고 탈출구는 보이지 않았다. 교통사고를 당해서 1년간 치료를 받고 사업에 복귀했는데, 그가 치료를 받는 사이 경험과 지식이 부족한 다른 사람들이 그의 사업을 운영하며 그를 파산시킬 뻔한 것이다. 빚은 많고 담보가 없어서 은행에서는 더 이상 대출을 해주지 않았다. 그는 "대출을 받을 수 있다면 가장 급한 빚을 먼저 갚고 사업을 다시 정상적으로 운영할 수 있을 때까지 상환 능력을 유지할 수 있을 것"이라고 선언했다. 그는 매우 절박했다.

나는 그가 두 가지 태도로 인해 해결책을 찾지 못하고 있다는 것을 깨달았다. 첫째, 이 훌륭한 사업가는 낙담과 절망에 빠져 있었다. 탈출구도, 의지할 곳도 없어 보였다. 둘째, 그는 사고를 당한 해에 큰 상실감을 느꼈다. "내가 그 사고를 당하지 않았더라면 이런 일은 일어나지 않았을 텐데"라고 늘 되뇌었다.

빚을 지고 있었기에 이러한 태도를 보이는 것은 어쩌면 당연했지만, 태도를 바꾸면 상황 또한 매우 빠르게 바뀔 것이다! 모든 문제에는 탈출구가 있고, 신성한 해결책이 있다. 부를 끌어당기는 태도를 확립하고 그 효과가 증명될 때까지 그러한 태도를 유지하도록 돕기 위해 나는 그에게 매일 이렇게 확언하라고 제안했다. "이 상황에 대한 신성한 해결책이 있습니다. 신성한 해결책은 숭고한 해결책입니다. 신성한 해결책이 지금 빠르게 나타남에 감사합니다!"

1년간 일을 하지 못한 것에 상실감을 느끼는 그에게 나는 다음과 같은 아이디어를 제안했다. "지금은 암울해

보이지만, 이 경험에서 영구적으로 잃은 것은 없다는 사실을 명심하세요. 투병 기간 동안 잃어버린 것처럼 보이는 것들은 재정적으로나 다른 방식으로 온전하게 회복될 수 있습니다." 나는 그가 부를 끌어당기는 태도를 확립하고 유지할 수 있도록 이 글귀를 카드에 적어주었고, 그것을 지갑에 넣고 다니라고 했다. 또한 매일 낙담이나 상실감이 그를 덮치려 할 때 다음의 글귀를 반복해서 읽으라고 했다. "사업을 회복시켜 주셔서 감사합니다. 이제 모든 관계자들이 제대로 일을 하고 있으며, 완벽한 결과가 지금 나타나고 있습니다. 모든 재정적 의무가 이행되고 있음에 감사드립니다."

그는 수 주간 매일 내가 제안한 글귀를 확언했다. 별다른 변화는 없는 것 같았지만, 그는 해결책이 있다고 믿고 계속했다.

그러던 어느 날, 일련의 사건들이 벌어지면서 큰 그림이 바뀌기 시작했다. 그는 아내와 함께 가족 모임에 참석했는데, 죽은 형의 아내가 그를 따로 불러내서 "몇 년 전에 도련님이 처음 그이의 사업을 인수했을 때 남편이 계약금을 과다하게 청구한 것 같아요. 이제 그이도 없으니 예전의 사업체가 있는 건물을 더 이상 갖고 있을 이유가 없네요. 도련님께 재정적으로 보상을 하고 싶어요. 감정평가사가 이 건물을 팔면 받을 수 있는 금액을 알려줬어요. 도련님

께는 반이 안 되는 금액에 드리겠습니다." 이 이야기를 듣고 난 뒤에 추가로 감정을 받아보니, 건물이 있으면 대출을 받을 수 있었다. 결국 그는 건물을 매입한 후에 부채를 청산하고 사업을 운영해나갈 현금도 확보할 수 있었다. 이 일을 계기로 그는 새로운 희망을 얻게 되었고, 그 후 사업은 더욱 번창하여 이전의 혼란과 실패에서 벗어나 질서와 부를 누릴 수 있게 되었다. 신성한 회복이 일어난 것이다!

빛에 대해
말하지 말라

빛을 지게 된 사람들 중 다수가 자신의 재정 문제에 대해 말하지 않는다면 빛에서 벗어날 수 있을 것이다.

자신의 재정 문제에 대해 다른 사람에게 말하는 행위는 그 문제를 확대하는 것이고, 문제의 상황을 단단히 붙잡는 것이다. 침묵을 지키며 재정적 의무를 이행하는 데 최선을 다하고 확언한다면 모든 빛을 청산할 수 있는 길이 열린다.

부채에 대해 초조해하거나 떠들어대기보다는, 풍요로운 결과를 확언하고 긍정적인 이야기만 하는 것이 좋다.

건강이 좋지 않아 실직한 어느 여성은 빛이 많았는데,

자신의 상황에 대해 끊임없이 부정적으로 이야기하곤 했다. 어느 날, 그녀는 딸과 함께 부에 관한 강연에 참석했다. 그들은 집으로 돌아가서 강의에서 들은 확언을 실천하기로 결심했다. "모든 것과 모든 사람이 지금 우리에게 부를 가져다주고, 우리는 지금 모든 것과 모든 사람에게 부를 가져다줍니다." 모녀는 매일 밤 잠자리에 들기 전 5분간 이 말을 함께 선언했다. 그로부터 일주일 후 거액의 수표가 도착했는데, 오랫동안 수금하지 못했던 돈이었다.

의도적으로
크게 생각하라

또 다른 사례로, 어느 부동산 중개인은 비수기인 여름 동안 아파트의 세입자가 나타나지 않아 빚을 지게 되었다.

친구들은 그에게 "네가 제시하는 가격으로는 절대 그 아파트의 세입자를 구할 수 없어. 너무 큰 기대를 하고 있는 거야. 임대료를 좀 더 낮추면 다음 시즌에는 세입자를 구할 수 있을지도 모르겠다"라고 말했다.

어느 날 그는 부에 관한 강연에 참석했다가 다음과 같은 말을 들었다. "크게 생각할수록 좋습니다. 대담한 생각을 과감하게 확언하세요. 큰 결과를 기대하세요. 바로 그러한 태도가 왕자와 거지의 차이입니다."

그는 아파트의 세입자를 구하고 빚을 갚으려면 의도적으로 크게 생각하고 부를 끌어당기는 말을 해야 한다는 것을 깨달았다. 그는 부유해지는 말을 확언하기 시작했다. "나는 모든 사람의 최고이자 최선을 다하는 모습을 사랑합니다. 나는 이제 최고이자 최선이며, 가장 풍요로운 마음을 가진 사람들을 내게로 끌어당깁니다" 이후 몇 차례의 접촉 끝에 나타난 고객은 만족해하며 한 시즌 동안 아파트를 임차했다. 그가 확언을 계속하자 다른 부동산들도 쉽게 임대할 수 있었다. 그리고 얼마 지나지 않아 그는 빚을 청산할 수 있었다.

물건은
현금으로 산다

재정 문제에 대해 풍족한 태도를 취하는 것에 더해 부채를 청산하고 있다는 느낌을 주는 일을 하는 것도 좋다. 예를 들면, 물건을 살 때 소액이라도 현금으로 결제하는 것이다. 현금을 사용하면 부채로부터 자유로워지는 느낌을 받을 수 있다.

과거의 돈 실수는
잊어라

많은 사람들을 빚에 얽매이게 하는 또 다른 태도는 바로 계속해서 과거를 돌아보는 것이다.

자꾸만 지난 실수를 되새기면 과거의 빚을 청산할 수 있는 새로운 아이디어가 떠오를 여지가 없어진다.

재정적 부담에서 영원히 벗어나고 싶다면, 실수를 저지른 자신과 타인을 용서하는 것은 필수적인 작업이다. 그러한 기억이 당신을 괴롭히려고 한다면 이 문장을 확언하라.

"신성한 지성과 사랑의 용서가 나를 과거와 과거의 재정적 실수로부터 자유롭게 해주었습니다. 나는 이제 현명하고 안전하며 두려움 없이 현재와 미래를 마주하고 있습니다."

그러면 당신과 주변 사람들에게 놀라운 일이 벌어질 것이다. 진공의 법칙에서 언급했듯이, 부유해지고 싶다면 자기 자신과 타인을 끊임없이 용서해야 한다.

부를 불러오는 다른 법칙들

빚이 축복으로
바뀔 수도 있다

빚은 축복일 수도 있다. 불쾌한 경험이 찾아올 때는 새로운 생활 방식과 일이 찾아오기 직전인 경우가 많다.

대부분의 경우, 재정적으로 곤란한 상황에 처한 사람들은 제한된 수입으로 풍요롭게 살고자 노력하는 선량한 사람들이다. 풍부한 욕망을 가진 경우, 그에 상응하는 재능과 능력이 표출될 가능성이 높기 때문이다.

더 커다란 선에 대한 욕망은 매우 강하지만, 그들의 은행 계좌는 그 욕망만큼 커지지 않았다. 자신의 재능과 능력을 계발하면 풍요로운 욕망에 상응하는 소득을 올릴 수 있는데도 평범한 일에 종사하는 경우가 많다.

큰 만족을 얻기 위해 자신의 재능과 능력을 개발하려면 이렇게 자주 선언하라.

"우주를 창조한 무한하고 방대한 힘이 지금 내 마음과 몸과 일에서 가장 큰 선을 나를 통해 성취하고 있습니다. 나는 위대한 일을 쉽게 성취할 수 있는 능력을 갖추었음에 감사합니다."

17장

건강과 부를
끌어당기는 생각

인생에서 가장 큰 축복 중 하나는 단연 건강이다. 건강을 잃으면 이룬 것들을 누릴 수 없고, 건강하면 가진 좋은 것들이 모두 배가된다.

나는 많은 사람들이 가진 각자의 다양한 문제에 관해 상담하면서 우리의 생각이 건강에 직접적인 영향을 미친다는 것을 확신하게 되었다. 돈 걱정으로 건강이 나빠진 사람들은 재정 상황이 개선되면서 건강도 급격히 좋아지는 경험을 하고는 무척 신기해했다.

오랫동안 좋은 건강 상태를 유지하던 어느 사업가가 심각한 재정적 어려움을 겪고 위궤양이 생겼는데, 나중에 악성으로 판명되어 여러 차례 수술을 받아야 했다. 다행히도 현재는 회복되었고, 의사는 거의 완쾌되었다고 했다.

부를 불러오는 다른 법칙들

하지만 그의 아내가 말하길, 최근 그는 사업이 재정적 손실을 입을 때면 몸져눕는다고 했다. 반면에 사업이 잘되면 기운이 솟구치고 건강해진다는 것이었다.

불화는
건강을 해친다

건강이 좋지 않다는 것은 몸과 마음 또는 일에서 내적 불화를 겪고 있다는 뜻이다. 조화로운 생각으로 표현되는 부를 끌어당기는 생각은 신체 내부의 조화뿐 아니라 관계와 환경의 조화를 이루는 데에도 도움이 된다.

치질로 고생하는 미취학 아동의 이야기를 해보자. 아이의 주치의는 치질이 그 나이 또래 아이들에게는 드문 질병이라고 생각했다. 그는 아이의 가정에 아이의 상태와 관련이 있을 수 있는 불화가 있는지 조심히 조사했다. 그리고 곧 아이의 어머니가 건강에 영향을 미치는 태도의 힘에 대해 무지하다는 사실을 발견했다. 그녀는 아이의 기분이나 식욕에 관계없이 매 식사 때마다 접시를 깨끗이 비우라고 강요했다.

아이도 '자기만의 생각'을 가진 개인이다. 아이는 수차례 식사를 거부했다. 그러나 아이가 식사를 마치게 하는 것이 자신의 의무라고 생각한 어머니는 식사를 하지 않는 아이를 식탁에서 끌어내어 매질했다. 아이에게는 그 일이 일상이었다. 치질보다 더 심각한 질환으로 발전하지 않은 것이 놀라울 지경이었다.

어머니가 아이에게 덜 엄격해지기로 결심하면서 아이의 상태도 호전되기 시작했다.

일상에서 생긴 다툼이나 싸움 또는 혼란은 그 일과 관련된 사람들의 건강에 영향을 끼친다. 몸은 매우 민감한 도구이며, 몸에 그리고 몸을 통해 표현되는 생각, 감정, 말에 예민하게 반응한다.

암을 일으키는
정서적 원인

건강을 되찾거나 유지하려면 부정적인 감정을 바꿀 필요가 있다. 요즘 암은 '증오병'으로 불리기도 하는데, 암에 걸린 사람들은 남몰래 증오심을 품고 있는 경우가 많기 때문이다. 다른 사람들은 일부 암 환자들이 정서적 혼란을 겪고 있다는 것을 눈치 채지 못한다.

정상에 오르기 위해 열심히 살아온 자수성가한 남성과 이야기를 나눈 적이 있다. 마침내 성공을 이룬 그는 수백 명의 사람들로부터 존경을 한 몸에 받고 있었다. 재정적 성취와 더불어 지역사회의 여러 시민 단체에 시간과 재능을 기부하고 헌신적으로 활동해 많은 찬사를 받았다.

그의 사회 경력이 정점에 이르렀을 때, 불현듯 그는 암에 걸렸다는 통보를 받았다. 수술을 하면 몇 년 더 수명을 연장할 수는 있었다. 그의 수명이 다해 갈 무렵, 나를 만나 자신의 상태에 대해 이야기를 나눴다. 언뜻 보면 잔인한 운명이 한창 전성기를 누리고 있는 그를 강타한 것처럼 보였다. 그러나 그의 가까운 지인은 그가 결혼을 여러 번 했고, 모든 결혼이 이혼으로 끝나면서 극심한 적대감을 느꼈으며, 지금의 아내마저도 증오하고 있다고 했다. 지인의 주장처럼 그의 아내가 나쁜 사람이라면, 아내가 그의 삶을 비참하게 만든 것이기 때문에 그가 그렇게 느낄 만한 정당한 이유가 있는 것 같았다.

사회적으로 성공한 그는 다수의 이혼과 별거가 자신의 경력에 해가 될 것이라고 생각했다. 그래서 극도로 비참한 상태에서도 아내와 헤어지지 않았다. 게다가 이런 상황에서 흔히 그렇듯이 아내에게서 받지 못한 사랑과 이해를 다른 여성에게서 얻고자 했다. 이 여성은 경영진 가운데 한 사람이었고 외로운 과부였다. 두 사람의 사랑이 깊어질수록 그의 아내가 될 수 없다는 사실에 좌절감을 느낀 그녀의 건강도 악화되었다. 건강에 문제가 생긴 상태에서도 술과 약물에서 정서적 해방감을 찾았다. 이렇게 큰 혼란에 빠진 그녀는 얼마 지나지 않아 일을 제대로 할 수 없는 지경으로 내몰렸고, 결국 직책을 잃고 말았다.

이 삼각관계에서 상대적으로 영향을 받지 않은 유일한 사람은 그가 증오한 아내였다. 아내는 이 모든 일을 겪으면서도 침착함을 유지했다. 그녀는 남편이나 '여자'에 대한 증오를 품지도, 감정적 혼란을 겪지도 않는 듯했다.

그는 자신의 삶을 불행하게 만든 현재의 아내와 전처들을 용서할 수 없다고 했다. 이 장에 언급된 치유의 방법이나 용서는 시도조차 하지 않았다. 그가 아내에 대해 말할 때면 보이지 않는 독을 뿜어내는 것 같았다. 독이 서린 증오가 방 안의 분위기를 무겁게 만들었다. 그는 그렇게 아내를 계속 미워하다가 결국 수술을 받기 위해 다시 병원을 찾아야 했는데, 이것이 그의 마지막이 되었다. 그가 의식이 있는 상태에서 마지막으로 한 말은 아내에 대한 저주였다. 증오가 그를 죽인 것이다.

한편, '여자'는 그의 장례식에 참석하지 않고 혼자 슬픔을 견뎌냈다. 그가 죽은 뒤 그의 아내는 남편의 증오에서 벗어났을 뿐만 아니라 그의 재산도 상속받게 되었다. 그녀는 마침내 자유인이자 부자가 되었고 망설임 없이 부를 누렸다. 게다가 남편을 잃은 지 채 1년도 지나지 않아 진정한 사랑을 만나 안정 속에서 행복한 재혼 가정을 꾸렸다. 그녀는 똑같이 증오하는 것을 거부하고 세 사람이 관여된 복잡하고 힘든 상황에서 유일한 승자가 되었다.

행복은
치유한다

마음이 상하거나 낙담하거나 우울한 상태에 놓인 영혼은 신체적 반응으로 나타나는 경우가 많다. 수년간 다툼이 심한 가정에서 자라며 꾸중을 듣는 것이 일상인 한 아이가 있었다. 이 아이는 계속해서 질병에 시달렸다.

그런데 운 좋게도 상황이 바뀌어 아이는 조용하고 화목한 환경에서 지내게 되었다. 그러자 아이의 질병은 즉시 차도를 보였고, 그 후로 그는 감기 한 번 안 걸릴 정도로 건강해졌다.

또 어떤 가족은 생각이 건강과 질병에 미치는 힘을 알게 되었다. 부부는 아이들 앞에서 절대 부정적인 주제를 꺼내지 않았고 가족 간에 질병, 결핍, 힘든 시기 등 어떤 종류의 문제에 관해서도 이야기하지 않기로 했다. 그들은 가정에서 행복한 주제에 관해 대화하는 것을 중요하게 생각했다. 이것은 그 가족의 습관이 되었고, 그들은 행복하고 건강하며 깊은 유대감을 느꼈다. 또한 병에 걸리는 법이 없었고 큰 부까지 얻었다. 아이들은 소아질환에 한 번도 걸리지 않고 건강하게 성장했으며 긍정적이고 자신감 넘치는 성격을 갖게 되었고, 모두가 행복한 결혼 생활을 하며 살았다. 그리고 현재 그 자녀들은 자신들의 부모님들처럼 성공적인 삶을 누리고 있다.

그들의 책장은 건강한 신체를 유지하는 데 건강하고 행복한 정서가 중요하다는 것을 지적하는 좋은 책들로 가득하다.

한 주부는 임신을 유도하기 위해 장기간 치료를 받다가 의사로부터 불임이라는 통보를 받았다. 그녀와 남편은 오래전부터 아이를 갖길 원했지만, 사실 그녀는 임신과 분만에 대해 남몰래 두려움을 가지고 있었노라고 내게 털어놓았다. 그녀는 자신의 두려움이 임신에 방해가 되었을 수도 있다는 사실을 깨달았다. 부부는 결국 아기를 입양할 수 있는지 알아보다가 여러 가지 이유로 좀 더 기다려보기로 결정했다.

부부는 수년 만에 처음으로 아이가 없다는 사실에 초조해하지 않았다. 그보다 가능한 한 행복하고 평범한 삶을 살기로 결심하고, 이따금 지역 내 노숙 아동을 돌보는 일을 도왔다. 불안감이 사라진 아내는 결혼 10년째 되던 해에 아기를 갖게 되었다.

신체 건강을 위해 영적 방법을 사용하는 것의 장점은

의사의 업무가 훨씬 쉬워진다는 것이다. 의사는 당신의 태도와 감정이 건설적일 때 더 잘 도울 수 있고, 당신 또한 신체적 치유 이상의 효과를 얻을 수 있다.

치유의 첫 번째 단계,
용서

예수는 용서가 치유의 기초라고 지적했다. 그는 마비 환자에게 "네 죄 사함을 받았느니라. 일어나 걸어라. 가서 다시는 죄를 짓지(부정적으로 생각하지) 말아라"라고 말했다. 산상수훈에서 예수는 우리의 노력이 결실을 맺으려면 화목하지 못한 사람들과 화해하는 것이 필요하다고 말했다. 즉, 우리는 매일 용서라는 간단한 방법을 통해 다른 사람들과 화해하고 조화를 이루도록 노력해야 한다. 그러면 자연스레 육체적·정신적·정서적 치유가 이루어진다.

건강 문제를 정신과 신체의 관점에서 분석하려 하거나 건강, 재정 또는 인간관계 문제에 대해 정신적·정서적 이유를 알아내려고 하기보다는 다음과 같이 선언하라. "나는 전적으로 그리고 자유롭게 용서합니다. 나는 풀어주고 놓아줍니다. 평화, 건강, 풍요, 행복이 이제 나 자신과 주변을 주관할 수 있음에 감사합니다." 만일 적대감을 느끼는 사람이 있다면, 그 사람의 치유를 위해 매일 이 용서문을 선포하라.

매일 용서를 확언하기 시작할 때, 과거에 불쾌했던 사람이나 상황이 생각나도 당황하지 말라. 왜 그들이 다시 당신의 의식 속에 들어왔는지 깊이 고민하지 말고, 그들이 무의식적으로 당신의 용서를 받고 있다는 사실만 알면 된다. 계속해서 그들에 대한 용서를 확언하다 보면, 적절한 때에 모든 것이 조용하고 평화로워질 것이다. 그렇게 스스로 평화를 느끼면 용서 과정이 완벽하게 마무리되었음을 깨닫고 악감정에서 벗어날 수 있다. 이후 그 사람이나 경험을 다시 떠올릴 때 평화로운 느낌이 들 것이다.

체중을
감량하는 법

살을 빼기 위해 필사적인 노력을 기울인 한 부유한 여성이 있었다. 그녀는 전문가들이 처방해준 엄격한 식이요법을 따르고 체중을 감량했으나 유지하지는 못했다. 결국 그녀는 왜 감량한 체중이 유지되지 않는지 모르겠다며 좌절감을 토로했다. 나는 그녀와 개인적인 친분이 있었는데, 그녀와 남편이 전 세계를 여행하면서 흥미로운 물건들을 수

집하고 그 물건들로 시골에 있는 넓은 집을 가득 채웠다는 사실을 알고 있었다. 관리할 사람을 고용해야 할 정도로 가득 쌓인 물건들은 수납공간을 죄 채우고도 모자라 지하실까지 차지했다. 그녀의 남편은 집 안이 너무 어지럽다며 매일 불평을 늘어놓았다.

나는 그녀에게 진공의 법칙을 떠올리며, 체중을 감량하고 건강을 유지하기 위해 삶과 감정에서 놓아야 하는 것이 무엇인지 구하는 명상을 해보라고 제안했다. 그 후 그녀는 명상을 하다가 문득 과거 자신에게 큰 고통을 안겨 준 친척을 오랫동안 용서하지 못하고 있었다는 것을 알아차렸다. 그녀는 매일 그녀와의 관계에 용서, 해방, 자유를 선언하기 시작했다.

한편 집 안의 분위기를 어지럽히는 물건들을 치워 달라는 남편의 요청에도 귀를 기울여야겠다는 생각이 들었다. 그녀는 옷장, 지하실, 창고 등을 정리하고 사용하지 않는 물건 중 좋은 일에 쓰일 수 있을 만한 물건들을 구별해 구세군에 기부했다. 남편은 기뻐했다. 그녀는 이렇게 놓아 주는 행위가 수년간 느껴보지 못했던 자유와 평화를 가져다주었다고 말했다. 흥미롭게도 그 후 그녀는 또 다른 다이어트를 했고, 아직까지 감량한 체중을 유지하고 있다. 그녀는 용서와 해방 그리고 정신적인 대청소가 자신의 욕망을 실현해주었다고 말한다.

치유의 두 번째 단계,
기도

긍정적인 생각과 기도가 치유와 연관이 있다는 것은 전혀 새로운 것이 아니다.

힌두교와 일본과 중국을 비롯한 여러 나라에서는 여전히 질병을 완화하기 위해 신성한 말을 하는 등의 다양한 방법을 사용하고 있다.

성경에는 말과 그 말의 창조적 힘에 대한 언급이 많이 나온다. 창세기는 "~가 있으라 하시니 ~가 있었고"라는 확언으로 시작한다. 요한 역시 "태초에 말씀이 계시니라 이 말씀이… 곧 하나님이라"라고 선언하며 말이 하나님의 능력임을 강조했다. 예수는 자신의 말이 영이며 또한 생명이라고 선언했다. 잠언 기자는 "죽고 사는 것이 혀의 힘에 달렸나니 혀를 쓰기 좋아하는 자는 혀의 열매를 먹으리라"며 말 속에 담겨 있는 치유의 힘에 대해 말하고 있다.

종교계에서는 오랫동안 '잃어버린 능력의 말씀'이 어딘가에 있으며, 이를 찾아서 발화하면 모든 것을 바로잡을 수 있다는 믿음을 가지고 있었다. 유대인들은 이 잃어버린 단어가 히브리어로 여호와를 뜻하는 '야훼Yahweh'라는 이름에 있다고 믿었다. 그들은 야훼의 정확한 발음을 아는 사람이 없다고 생각했는데, 한때는 성직자들이 '잃어버린

부를 불러오는 다른 법칙들

단어'를 알고 있었다고 주장했다. 이 단어를 올바르게 사용하면 하나님의 능력이 나타나고 강력한 역사가 신속하게 이루어졌다고 한다.

평화와 만족을 가져오고 생각과 감정에 긍정적이며 조화로운 반응을 불러일으키는 좋은 말이나 문구는 유대인들이 찾던 '잃어버린 말씀'에 해당한다. 잃어버린 말씀의 능력은 건설적인 태도와 긍정적인 기도문을 통해 살아날 수 있다.

기도문은 강력한 치유력을 지니고 있다. 확언은 고대의 치유 기술일 뿐만 아니라 현대의 과학적 치유 기법이기도 하다. 과학자들은 몸과 우주가 타고난 지능으로 가득하다고 선언했다.

좋은 말로 가득한 확언을 반복해서 선언하면 인간의 잠재의식에 활성화되어 있는 선천적 지능에 의식적인 주의를 기울이게 된다. 선한 말을 계속하면 선천적 지능은 의식적이든 무의식적이든 이에 대하여 긍정적인 결과로 반응한다.

우리의 몸은 마음에 순종하는 종이며, 우리의 생각과 말에 따라 바뀐다. 우리의 생각과 말이 고양될 때, 우리는 육체적 세계에 생명을 불어넣는다.

치유의 세 번째 단계,
상상력

자기 자신이나 치유가 필요한 누군가가 완전히 건강해지고 강해진 모습을 머릿속에 그려보라. 「5장 심상화의 법칙」에서 언급했듯이 정신적 이미지는 우리의 마음, 몸, 일의 상태를 만들지만, 삶의 정신적 이미지를 원하는 대로 의도적으로 만드는 것은 우리의 몫이다. 그렇지 않으면 마음속에 왜곡된 이미지를 그려냄으로써 왜곡된 결과를 얻게 된다.

심상화는 특히 치유에 강력한 힘을 발휘한다. 원하는 결과에 대한 그림을 형성하고 그 그림을 단단히 붙잡는 것은 놀라운 결과를 만들어낼 수 있다는 믿음이 일하게 하는, 단순하지만 최고의 방법이다.

최근 한 주부는 심상화의 힘으로 치유를 받았던 경험을 이야기했다. 그녀는 무릎에 심한 염증을 앓고 있었는데, 몇 주가 지나도 감염 부위가 계속 부어올라 매우 고통스러웠다. 그녀는 심상의 힘으로 치유가 가능하다는 믿음을 실행하기로 결심했다.

그녀는 매일 조용히 앉아 부은 무릎이 아닌 건강하고 온전한 무릎에 주의를 기울였다. 건강한 무릎에 손을 얹고 무릎의 건강에 감사하며 마음속으로 무릎에 대한 생생한 이미지를 떠올렸다. 그녀는 매일 이 작업을 계속했다. 누군가 무릎에 대해 물으면 잘 낫고 있다고 대답함으로써 그들의 마음속에 치유되고 있는 무릎의 이미지를 전달했다. 그것은 엄밀히 말해 확언 기도이자 믿음의 선언이었다.

며칠이 지나도 통증이 있는 무릎에 별다른 변화는 찾아오지 않았지만, 그녀는 꿋꿋하게 마음을 다잡았다. 그렇게 통증과 부기가 계속되던 어느 날 아침, 잠에서 깨어난 그녀는 밤새 아팠던 무릎의 이상 징후가 모두 사라지고 부기도 빠져 정상적인 상태로 돌아온 것을 발견했다. 무릎을 자세히 살펴보니 피부에 찔린 자국이 있고 감염 물질이 밖으로 빠져나온 것처럼 보였다! 그녀의 무릎을 진찰한 의사는 기적을 목격했다며 기뻐했다!

심상을 통해
체중을 감량하라

심상화는 건강을 관리하는 데 효과적이다. 온갖 종류의 다이어트를 시도했다가 포기했던 어느 사업가는 우연히 심상화가 가진 치유의 힘에 대해 듣게 되었다. 그는 엄격하게 다이어트를 했지만, 자신이 과체중이라는 이미지를 마음속에서 떨쳐내지 못했기 때문에 이 이미지가 계속해서 원하지 않는 과체중을 만들어내고 있었음을 깨달았다.

그는 잡지에서 건강하고 활기차고 날씬한 사업가들의 사진을 스크랩하여 침대 옆 탁자에 올려놓았다. 그런 다음 잠들기 직전까지 이 사진들을 조용히 바라보며 생생한 이미지로 마음을 채웠다. 사진 몇 장은 작은 카드에 테이프로 붙여서 지갑에 넣고 다니며 낮 동안 꺼내 보았다. 그는 이러한 최소한의 노력과 자제력만으로 20킬로그램을 감량했고, 그 이후에는 더 많은 체중을 감량했다. 이제 그는 지갑에 넣고 다니는 그 사진을 닮아가고 있다.

심상화로
담배 끊는 법

심상화로 쉽게 담배를 끊은 사람도 여럿 있다. 그들이 사용한 방법은 간단했다. 그들은 담배를 끊으려고 하지 않았다. 대신 고약한 담배의 맛과 결국 건강이 나빠져서 담배를 전혀 피울 수 없게 된 자신의 모습을 심상화했다. 그들은 담배에 불을 붙일 때마다 나쁜 담배의 맛에 대한 심상을 떠올렸다. 심상이 효과를 발휘하기까지 몇 주가 걸렸지만, 실제로 효과가 있었다. 담배 맛이 불쾌해지기 시작하면서 곧 담배를 피우고 싶은 욕구가 사라졌다. 그리고 약

6주 만에 품속에 지니고 있던 반 갑 정도 남은 담배를 모두 버렸다. 그들은 누구에게도 담배를 끊고 싶은 욕망이나 자신들이 실천하고 있던 방법에 대해 말하지 않았다. 덕분에 아무도 그들이 품고 있는 정신적 이미지를 깨뜨릴 수 없었고, 그런 간단한 방법을 사용하지 말라고 설득당할 일도 없었다.

심상화는 알코올 의존증에서 벗어나는 데 효과적이다

나는 사랑하는 사람의 치유를 돕기 위해 심상화를 사용한 사람을 많이 알고 있다. 심각한 알코올 의존증인 배우자가 금주하는 모습을 심상화함으로써 배우자를 치유했다는 경험담을 여러 차례 들었다. 배우자가 치유된 모습을 지속적으로 심상화하자 그들의 상태가 점차 호전되더니, 마침내 알코올에 대한 욕구에서 벗어났다는 것이다.

최근에 이와 유사한 사례를 경험한 어느 부부와 점심을 먹었다. 몇 년 전만 해도 '한물간 사람' 취급을 받았던 남편은 현재 성공한 임원이자 지금껏 만나본 사람 중 가장 평온하고 매력적인 남성이 되어 있었다. 술이라는 주제로 이야기를 나눌 때 그가 말했다.

아내가 저를 위해 '무언가를 하고 있다'는 사실은 알았
지만, 그게 정확히 무엇인지는 몰랐습니다. 제게는 별다
른 고통이 없으니 아내가 무얼 하든 상관하지 않았어요.
그런데 제 상태가 차츰 좋아지는 걸 느끼고는 제가 완전
히 나을 때까지 아내가 그 일을 멈추지 않았으면 했어
요. 감사하게도 아내는 계속 그렇게 해주었어요!

　아내는 부유하고, 행복감을 느끼고, 술에 취하지 않은
승자가 된 남편의 모습을 하루도 빠짐없이 떠올렸다. 그러
자 남편은 그녀의 상상 속에 있던 멋진 남자가 되었다!

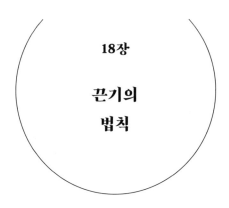

18장

끈기의 법칙

내게 부에 관한 책과 기사를 보내주는 한 사업가가 캘빈 쿨리지 대통령의 글을 보내줬다.

> 세상의 어떤 것도 끈기를 대신할 수 없다. 재능도 그러하다. 재능이 있는데도 실패한 사람이 너무나 흔하다. 교육 또한 끈기를 대신할 수 없다. 세상에는 교육받은 낙오자들로 가득하기 때문이다. 그러나 끈기와 결단력은 전능하다. '계속하라Press on'는 슬로건이 인류의 문제를 해결해왔고, 앞으로도 그럴 것이다.

성공을 향한 노력이 헛되게 느껴질 때, 낙담하여 괴로운 마음이 들 때 이 말을 기억하라. "세상의 어떤 것도 끈기를 대신할 수 없다."

끈기는 '할 수 있다'는
태도이다

할 수 있는 모든 시도를 했으나 전부 실패한 한 청년이 있었다. 그러나 그에게는 엄청난 재능과 능력, 매력이 있었다. 그는 어딘가에 자신의 자리가 있지만 아직 나타나지 않았을 뿐이라고 생각했다. 그러다 청년은 해군에 입대하기로 결심했는데, 그 결정이 인생의 전환점이 되었다. 그때부터 하는 일마다 큰 성공을 거둔 것이었다. 해군으로서 공로를 인정받은 그는 수차례 진급을 거듭했다. 그리고 최근에는 자신의 지휘관에게서 '할 수 있다'는 그의 태도를 칭찬하는 편지를 받았다. 그의 긍정적인 태도 덕분에 그가 어려운 임무를 성공적으로 해냈다는 내용이었다. 지휘관은 또한 그에게 모든 임무를 대할 때 '할 수 있다'는 태도를 계속 유지하라고 조언했다.

끈기의 법칙은 쉽게 설명하면 '할 수 있다'는 태도이다. 많은 사람들은 '할 수 없다'는 태도를 고집하는데, 이는 반드시 실패로 이어진다. 주변에서 성공한 사람들을 관찰해보면, 명백한 실패에도 끈질기게 버티는 습관을 지녀 마

부를 불러오는 다른 법칙들

치 실패에 보험을 들어놓은 사람처럼 보이곤 한다. 그들은 좌절을 겪어도 끈기 있게 목표를 향해 나아가고, 결국에는 목표를 달성한다.

끈기에 중간이나 미지근함, 소극적인 자세 같은 것은 없다. 끈기는 과감하고 대담하며, 망설이지 않고 두려움 없이 원하는 것을 추구하며 결과를 얻을 때까지 밀고 나가는 것이다. 괴로워서 아무것도 할 수 없는 상태나 좌절에 직면했을 때 사용하기 좋은 문장은 다음과 같다. "나는 낙담하지 않는다. 나는 끈기 있게 앞으로 나아간다." 그리고 다음을 자주 상기하라. "나는 지금 나가는 게 아니라 올라가는 중이다!"

즉, 끈기는 성공을 가로막는 실패에 대한 고질적인 태도를 부수는 데 사용하는 정신적 쟁기이다. 패배감을 떨쳐낸 사람은 '할 수 있다'는 태도로 나아갈 준비가 된 사람이며, 이러한 태도는 당신에게 성공하는 방법을 보여줄 것이다.

실패에
굴복하지 말라

끈기를 가지고 조금만 더 버티면 실패에서 성공으로 흐름을 바꿀 수 있는데, 겉으로 보이는 것에 너무 쉽게 굴복하는 사람이 많다. '지속하다'라는 단어는 말 그대로 '포기하는 것을 거부한다' 또는 '굳건히, 꾸준히, 집요하게 계속하다'라는 뜻이다. 승리하는 마음가짐과 성공을 추구하는 행동으로 실패와 한계라는 단단한 흙이 완전히 부서질 때까지 쟁기질을 멈추지 말라.

끈기를 가지고 큰 생각을 하고 큰 결과를 기대하며 꾸준히 노력하면 원하는 결과를 실현할 수 있다. 최근 어느 광고에 나온 카피가 떠오른다. "꿈을 이룰 가능성이 가장 높은 사람은 꿈을 좇는 사람이다."

실패는 성공의
서막이다

실패는 대개 더 큰 결과를 얻기 위해 노력하는 성공이고, 끈기는 당신이 더 큰 결과를 경험할 수 있도록 돕는다. 나는 수년간 정기 간행물에 영감을 주는 기사를 써오고 있었다. 그런데 어느 날 그야말로 '난관에 봉착'했다. 제출하는 글마다 거절을 당해서 내 글쓰기 경력은 여기까지인가 하는 생각이 들었던 것이다. 주어진 상황의 의미를 고민하고 실패가 주는 감정과 끊임없이 싸우며 좌절하는 시간을 보

부를 불러오는 다른 법칙들

냈다.

 몇 달 후, 내가 부를 끌어당기는 생각의 법칙을 발전시키기 시작하면서 기사를 거절당했던 것은 내가 충분히 크게 생각하고 있지 않다는 것을 알려주는 신호였음이 명백해졌다. 기사가 아닌 책을 써야 할 때가 온 것이었다. 거절 통지서들은 나를 위해 크게 태어나려던 성공이었다. 그때부터 이 책을 포함하여 다른 많은 책들에 대한 아이디어가 떠오르기 시작했다.

 처음에는 '기사도 거절당하면서 어떻게 책을 써서 출판할 수 있겠어?'라는 생각이 들었다. 그런데 부를 끌어당기는 생각은 정반대의 태도를 고집했다. 보다 높은 목표를 세울 때라는 신호라는 것이었다. 내 기사가 계속 받아들여졌다면, 나는 아마 그 수준을 넘지 못했을 것이다. 덕분에 '나는 포기하기를 거부한다. 나는 굳건히, 꾸준히, 끈기 있게 계속한다'는 태도를 유지할 수 있었다. 누군가는 실패를 뒤집으면 성공이 된다고 말했다. 난 그 말을 믿는다!

끈기를 가지고
어려운 일에 직면하라

일시적인 노력은 별 의미가 없다. 당신의 여정에서 어려운 경험이 나타나면 끈기를 가지고 그 경험을 마주하며 성공이 나오기를 기대하라. 어려운 상황이 닥쳤을 때는 결코 부드러운 방법을 사용해서는 안 된다. 어려운 경험을 부드러운 방법으로 맞서는 것은 무딘 칼날로 딱딱한 땅을 갈려고 드는 것과 같다. 반쪽짜리 방법으로 어려운 문제를 해결하려고 하면 진전을 이루기 힘들다. 포기하기를 거부하는 끈기로 어려운 문제에 직면하라. 그 경험을 통해 축복을 받겠다고 고집하라. 과감한 용기와 대담함으로 문제에 맞서라.

숨이 가빠지는 경험을 해본 사람은 호흡을 회복하기에 일반적인 호흡으로는 충분하지 않다는 사실을 알고 있을 것이다. 그때 당신은 더 많은 공기를 마시려 애썼을 것이다. 마찬가지로 실패가 명백한 상황에서 낙담하지 않고 성공할 것이라는 믿음을 붙잡지 않으면, 패배와 실패의 늪에서 영원히 허우적거릴 수밖에 없다.

윌리엄 제임스는 '두 번째 바람' 이론을 발전시켰다. 그는 첫 번째 바람을 넘어서 보람과 환희의 두 번째 바람을 맞을 때까지 달리라고 조언했다. 즉, 피로가 몰려와도 계속 달리다 보면 갑자기 새로운 힘이 솟아나 두 번째 바람을 맞을 것이고, 나중에는 세 번째 바람, 심지어 네 번째 바람도 맞을 수 있음을 발견한 것이다. 새로운 에너지는 새로운 힘과 승리를 만들어낼 것이다. 마치 보이지 않는 동반자가 함께하는 것과 같다.

긴급 상황이거나 도움이 절실할 때, 평소에는 절대로 발휘되지 않았을 잠자고 있던 힘이 방출된다. 이러한 도전의 시기가 온 것은 당신 안에 있는 위대한 힘이, 당신을 위해 그리고 당신을 통해 일하기를 원한다는 신호이다.

승리를 향해
전진하라

과거에 역경을 극복하고 승리했던 순간을 떠올려보라. 낙담과 절망감에 휩싸여 목표를 향해 나아갈 수 없다면, 신체 장애, 정신신경증을 가지고 있으면서도 성공한 사람들을 떠올려보라.

토스카니니는 지휘할 때 악보를 볼 수 없을 정도로 근시가 심했고, 바이런은 안짱다리로 태어나 다리를 절었고, 호머와 밀턴은 시각 장애인이었고, 월터 스콧과 루스벨트는 소아마비로 다리가 불편했으며, 베토벤은 청각 장애인이었고, 도스토옙스키와 모파상은 간질 환자였다.

고등 교육을 받거나 재능을 가진 사람이라고 해서 항상 좋은 성적을 내는 것은 아니다. 가장 높은 성적을 내는 사람은 '꾸준히 하는 사람'이다. 이들은 재능이 있든 없든 포기하지 않고 끈기 있게 달려든다.

위대한 기업과 산업 분야의 리더들은 대부분 명석한 두뇌가 아닌 인내심과 끈기를 가진 사람들이다. 그들은 결코 포기하지 않기 때문에 패배할 수 없다.

인생의 출발을 위해 반드시 돈이 있어야 하는 것도 아니고, 재산이나 가문, 특권을 물려받아야 하는 것도 아니다. 폭넓은 교육을 받는 것 역시 필수는 아니다. 반드시 필요한 것은 목표와 무슨 일이 있어도 그 목표에 도달하겠다는 끈질기고 굳은 결심이다.

뒤돌아보지 말고
앞만 보라

실망이 당신의 앞길을 가로막는다면 최선을 다해 그것을 극복하고 계속 나아가라. 뒤돌아보지만 않는다면 어떤 부정적인 경험도 당신을 막을 수 없다.

목표로 향하는 비전을 되찾고, 현재 가장 논리적으로 보이는 방식에 따라 목표를 향해 나아가기 시작하라. 목표를 이루기 위해 직접적으로 할 수 있는 일이 없어 방황하고 있다면, 목표를 향해 나아가고 있다는 느낌을 줄 수 있는 작은 일부터 시작하면 된다. 그런 일들을 해나가다 보면 더 큰 기회가 나타날 것이다. 큰 걸음이든 작은 걸음이든 한 번에 한 걸음씩 내딛는 것만으로 충분하다. 한 걸음을 내딛으면 그다음, 또 그다음으로 이어질 것이다.

한 남자가 들려준 끈기를 가지고 앞을 내다보는 것의 중요성에 대한 이야기가 떠오른다. 날씨가 따뜻한 어느 토요일, 어린 그는 아버지와 함께 차를 타고 마을로 향하고 있었다. 첫 번째 교차로에서 멈춰 선 그들은 한 공직 후보자의 연설을 들었다. 후보자는 사람들에게 자신의 아버지와 할아버지가 그 지역의 정치 지도자였기 때문에 자신 또한 공직에 당선되어야 한다고 말했다. 그는 정치인 집안 출신인 자신만이 주민을 위해 봉사할 수 있는 최적의 자격을 갖춘 사람이라고 주장했다.

다시 차를 출발한 소년과 아버지는 이번엔 또 다른 교차로에 이르렀는데, 그곳에서는 두 번째 공직 후보자가 연설을 하고 있었다. 그 역시 자신의 가족이 오랫동안 정계에 종사해왔기 때문에 주민을 위해 봉사하는 데 유리한 배경을 가지고 있다고 주장했다.

그다음 교차로에서 둘은 세 번째 후보자의 연설을 들었다. 그 후보자는 이렇게 말했다. "저는 평생 공직에 출마한 적이 없습니다. 또한 제 가족 중 누구도 정계 이력이 없습니다. 하지만 저는 이 지역 주민들을 잘 섬길 수 있다고 믿습니다. 왜냐하면 어디까지 왔느냐보다 어디로 가는지가 더 중요하기 때문입니다!" 결국 선거에서 당선된 사람은 세 번째 후보자였다!

당신이 과거에 어디에 있었든, 어떤 경험을 했든, 이루려는 목표를 정하고 그것을 향해 꾸준히 노력한다면 승리할 수 있다.

끈기는
전능하다

끈기를 가지고 노력하지 않으면 어떤 분야에서도 지속적인 성공을 거둘 수 없다. 학력, 배경, 재능, 영향력, 돈, 평판이 부족하더라도 성공을 향해 끈기 있게 노력한다면 반드시 성공할 수 있고 또 성공하게 될 것이다. 끈기 있는 결단력은 재능을 뛰어넘어 지속된다. 끈기는 성공이 언제나 굴복하는 특성을 지니고 있다.

캘빈 쿨리지 대통령은 "끈기만 있으면 전능하다"라는 명언을 남겼다. 패배는 당신을 시험할 수는 있지만, 멈추게 할 수는 없다. 명백한 실패, 실망, 패배는 성공을 이룰 날이 얼마 남지 않았음을 알리는 신호탄이라고 생각하라. 이들을 더 큰 원동력으로 삼아 앞으로 나아가다 보면 어느새 마음의 소망이나 더 나은 무언가가 당신 앞으로 다가올 것이다.

결론

금가루가 내려올 때

"사업은 어때요?"라는 질문에 항상 "아주 잘 되고 있어요. 금가루가 공중에 떠다니고 있거든요"라고 대답하던 영업 사원을 기억할 것이다.

이 책을 읽는 동안 당신에게도 금가루의 힘이 이미 닿았으리라 믿는다. 이 책을 쓰는 동안 나는 대학교수였던 남편과 결혼했고, 남편과 행복한 결혼 생활을 이어나갔다. 그야말로 금가루 덕에 꿈이 이루어졌다!

그런데 책이 출간될 무렵, 남편이 마흔 살의 나이에 갑자기 심장마비로 세상을 떠났다. 나는 너무도 큰 충격을 받았다. "당신이 쓴 글이 모두 사실이라면 왜 이런 일이 벌어진 겁니까?"라고 직설적으로 묻는 사람도 있었다.

인생은 변화를 통해 진행되며, 예상치 못한 변화가 일

어나더라도 우리는 그 변화와 함께 흘러가야 한다.

그 후 몇 년 동안 나는 세계 곳곳에서 '금가루 수업'을 진행했고, 수많은 라디오와 텔레비전, 인쇄 매체와의 인터뷰에 참여했으며, 10여 권의 책을 저술했고, 여러 교회를 설립했다. 전 세계에서 수락할 수 없을 정도로 많은 강연 요청을 계속 받고 있다. 첫 수업 때 50명에게 전달되었던 이 책의 가르침은 현재 미국 50개 주와 50개 이상의 국가로 퍼져나갔다.

황금의 땅인 캘리포니아주의 팜스프링스 지역, 팜데저트에 정착하라는 인도를 받았을 때, 『후즈 후』와 『소셜 레지스터』 인명록에 등재되고 명예박사 학위를 받는 행운이 이어졌다. 금가루는 계속 내려오고 있다.

부를 끌어당기는 생각을 시작할 때만 해도 이러한 아이디어들을 발전시키고 글로 적으면서 내 삶이 어떻게 바뀔지는 나조차도 알지 못했다.

경제 침체기에 부를 끌어당기는 생각에 관한 강연을 하면서 이 책의 자료를 개발하기 시작했을 때, 나는 아들과 단칸방에서 생활하고 있었다. 몇 년 후에는 앨라배마에 있는 작은 '금가루 서재'에서 한밤중에 틈틈이 책의 초고를 집필했다. 마침내 이 책을 완성한 건 텍사스 대학교가 내려다보이는 오스틴의 아파트에서였다.

수십 년이 지나 개정판을 마무리하는 지금, 주변 풍

경은 또 바뀌어 있다. 나는 사막에 있는 집필실이 딸린, 남부 캘리포니아의 신비로운 매력과 풍성한 열대의 아름다움에 둘러싸인 저택에 있다. 유명 인사들이 많이 찾는 이 지역은 키 큰 야자수와 장엄한 보랏빛 산들이 배경을 이루고 있다. 이런 환경에서 편안한 라이프스타일을 누리는 가운데, 이번 개정판을 완성할 수 있어 얼마나 감사한지 모른다.

나의 오랜 경력을 지켜본 주변 사람들은 이러한 것들이 당연한 성과라고 생각할지도 모른다. 하지만 부의 법칙을 발견하고 활용한 덕분에 과로와 저임금에 오랫동안 시달렸던 내가, 막막한 가난과 절망적인 삶에서 벗어나 현재의 축복을 누릴 수 있었던 것이다.

당신도 할 수 있다! 당신이 과거에 어떤 삶을 살았든, 현재 어떤 한계를 느끼든, 부의 법칙을 계속 연구하고 매일 적용하라. 의도적으로 부를 끌어당기는 생각을 지속하라. 진심으로 기뻐하며 큰 기대를 품고 부를 끌어당기는 생각을 하라. 꾸준히 노력하다 보면 신이 의도한 금가루가 당신의 삶에서 더 큰 평화와 건강, 풍요로 나타날 수 있다. 그 금가루를 기꺼이 받아들여라. 그것들은 당신을 위해 준비된 신성한 유산이다.

금가루는 이 흥미진진한 새로운 시대를 살아가는 당신의 삶을 더 행복하고 가치롭게 만들어줄 것이며, 당신은 경이로운 방법으로 주변 사람들에게 축복이 될 것이다.

캘리포니아에서

캐서린 폰더

금가루 수업

역동적인 부의 법칙

초판 1쇄 발행	2024년 12월 18일
지은이	캐서린 폰더
옮긴이	이윤정
펴낸이	이진석
책임 편집	복실
디자인	손주영
펴낸곳	노들
출판등록	2023년 10월 26일 제 2023-000264호
주소	서울특별시 마포구 월드컵북로 400 서울경제진흥원, 5층 15호(상암동)
E-mail	nodeulbooks@naver.com
ISBN	979-11-985601-2-4(03190)